LES DROITS DE L'HOMME
ET LA LOI NATURELLE

DU MÊME AUTEUR

Art et Scolastique, 3ᵉ édition (Louis Rouart et fils). — *Frontières de la Poésie* (Louis Rouart et fils). — *Quelques Pages sur Léon Bloy* (Cahiers de la Quinzaine, 1927). — *Réponse à Jean Cocteau* (Stock).

Trois Réformateurs, 14ᵉ mille (Plon). — *Primauté du Spirituel*, 15ᵉ mille (Plon). — *Religion et Culture*, 6ᵉ mille (Desclée de Brouwer). — *Lettre sur l'Indépendance* (Desclée de Brouwer). — *Du Régime Temporel et de la Liberté* (Desclée de Brouwer). — *Les Juifs Parmi les Nations* (Editions du Cerf). — *Questions de Conscience* (Desclée de Brouwer). — *Humanisme Intégral* (Fernand Aubier). — *A travers le Désastre* (Editions de la Maison Française).

La Philosophie Bergsonienne, Etudes Critiques, 2ᵉ édition (Desclée de Brouwer). — *Réflexions sur l'Intelligence et sur sa Vie Propre*, 3ᵉ édition, (Desclée de Brouwer). — *Le Songe de Descartes* (R. A. Corrêa). — *Distinguer pour Unir ou les Degrés du Savoir*, 2ᵉ édition (Desclée de Brouwer). — *De la Philosophie Chrétienne* (Desclée de Brouwer). — *Science et Sagesse* (Labergerie). — *Quatre Essais sur l'Esprit dans sa Condition Charnelle* (Desclée de Brouwer). — *La Pensée de Saint Paul* (Editions de la Maison Française). — *Confession de foi* (Editions de la Maison Française). — *Ransoming the Time* (Scribner's).

Eléments de Philosophie, fascic. I : *Introduction générale à la Philosophie*, 12ᵉ édition ; fasc. II : *L'ordre des concepts* (Petite Logique), 6ᵉ édition (Téqui). — *Sept leçons sur l'Etre* (Téqui). — *La Philosophie de la Nature*, essai critique sur ses frontières et son objet (Téqui).

De la Vie d'Oraison, par J. et R. Maritain, nouvelle édition revue et augmentée (Louis Rouart et fils). — *Situation de la Poésie*, par J. et R. Maritain (Desclée de Brouwer).

En collaboration avec M. V. Bernadot, P. Doncoeur, E. Lajeunie, D. Lallement, F. X. Maquart : *Pourquoi Rome a Parlé* et *Clairvoyance de Rome* (Spes).

COLLECTION « CIVILISATION »

Dirigée par

JACQUES MARITAIN

LES
Droits de l'Homme
et la Loi Naturelle
par JACQUES MARITAIN

emf

Copyright 1942 by

ÉDITIONS DE LA MAISON FRANÇAISE, Inc.

610 Fifth Avenue, New York, N. Y.

IL A ÉTÉ TIRÉ DE CET OUVRAGE :
50 EXEMPLAIRES SUR PAPIER TEXTE
NUMÉROTÉS DE 1 A 50,
150 EXEMPLAIRES SUR PAPIER CORSICAN
NUMÉROTÉS 51 A 200.

« CIVILISATION »

Collection d'écrits politiques et sociaux

La présente guerre est une révolution mondiale, chacun de nous le comprend plus ou moins confusément. Et cette révolution sera sans doute plus profonde et plus vaste qu'aucun de nous ne peut l'imaginer aujourd'hui.

Lorsque les démocraties auront enfin gagné la victoire, les changements rendus nécessaires par les conditions matérielles de l'état du monde et par l'évolution économique et technique des sociétés recevront de la pensée et de la volonté des hommes, de l'idéologie et des conceptions morales qui prévaudront à ce moment, leur forme politique et institutionnelle, leur signification essentielle et leur valeur pour la civilisation.

Une des causes des échecs et des faiblesses dont les démocraties ont souffert au début de la guerre est qu'elles avaient en partie perdu foi en elles-mêmes. Elles ont repris conscience de leurs principes au milieu des ruines. Du même coup elles comprennent qu'il leur faut renouveler profondément leur philosophie pour être en état d'accomplir ce que le monde attend d'elles. La paix ne sera gagnée, la civilisation reconstruite que si la pensée des peuples libres est clairement consciente de ses principes et de ses buts, et si une espérance ferme et généreuse anime leur volonté de réalisation.

En ce qui concerne en particulier la France, on peut constater qu'un profond dégoût de toutes les anciennes formations politiques est lié chez le peuple français à un attachement plus ardent que jamais à la liberté. La défaite militaire, puis l'armistice et la capitulation, puis la politique de collaboration ont liquidé successivement tous les partis. Abandonné par ses classes dirigeantes et par son gouvernement, le peuple français se redresse tout seul ; quand il aura reconquis sa liberté, c'est quelque chose de neuf qu'il aura à édifier. La nouvelle Déclaration des Droits sera son œuvre.

Les institutions politiques et sociales de la France de demain sortiront de son expérience infiniment amère. S'il met alors à profit quelques-unes des initiatives actuellement tentées en France sur un tout autre plan que celui de la politique officielle, ce sera en balayant le régime autocratique, la pseudo-« révolution nationale », le décor d'Ordre moral et de « reconstruction » décidément fasciste que le gouvernement de l'armistice prétend imposer au pays. Si d'autre part on doit tenir pour certain que le peuple français ne reviendra pas aux formes particulières du régime d'avant-guerre, tout ce que nous savons de ses dispositions indique qu'il aspire à un régime dont les formes nouvelles réaliseront l'idéal démocratique mieux et plus complètement, et dans l'ordre social comme dans l'ordre politique. Dans un abîme de souffrances il a rappris la vocation de la France, cette vocation qui a sa source dans l'Evangile et dans la raison, et qui est essentiellement une vocation de libération. C'est la fidélité à cette mission d'affranchissement, l'instinct de la justice, le sens des droits de la personne humaine, de la liberté, de l'égalité, de la fraternité, qui dans la masse de notre peuple inspirent le plus grand nombre de ceux qui n'acceptent pas le joug et qui courent tous les risques pour résister. Mais pour parachever leur tâche héroïque ils auront besoin d'une idéologie et d'un vocabulaire renouvelés.

En de telles conjonctures le travail de la pensée a un rôle particulièrement nécessaire ; les hommes d'action sont les premiers à le rappeler aux hommes de réflexion. Si imparfait et si partiel que soit l'effort de chacun, nous croyons qu'une collection d'écrits politiques envisageant les divers aspects des problèmes qui se posent aujourd'hui peut apporter dans cet ordre d'idées une utile contribution. Nous sommes encouragés dans cet espoir par le souvenir du rôle que les essais publiés dans « The Federalist » ont eu dans la ratification de la Constitution des Etats-Unis. Nous n'avons certes pas la prétention d'exercer une influence de pareille envergure, nous voudrions seulement faire de notre mieux en nous inspirant de cet exemple.

La collection « Civilisation » publiera des essais sur les problèmes contemporains, sous forme de volumes d'épaisseur variée et sans périodicité régulière. Les auteurs de ces essais ne constituent pas une école, chacun n'engage que sa propre responsabilité, mais ils ont en commun l'amour de la liberté, la croyance en les droits humains et la détermination de lutter jusqu'au bout contre la barbarie totalitaire.

CHAPITRE PREMIER

LA SOCIÉTÉ DES PERSONNES HUMAINES

Ce petit livre est un essai de philosophie politique. Dans une guerre où se joue le sort de la civilisation, et dans la paix qu'il faudra aussi gagner après que la guerre aura été gagnée, il importe beaucoup d'avoir une philosophie politique juste et bien fondée. Les réflexions que je propose ici ont pour objet d'inciter ceux qui liront ces pages à mettre au point leurs idées sur une question fondamentale de philosophie politique, celle qui concerne les relations de la personne et de la société, et les droits de la personne humaine.

La Personne Humaine

Je laisserai de côté bien des problèmes philosophiques qui sont présupposés par la question, notamment le problème de ces deux aspects métaphysiques : *individualité* et *personnalité,* qui sont distincts en chacun de nous et qui créent en chacun de nous deux attractions en conflit l'une avec l'autre.[1] Il est indispensable cependant de mettre en lumière la notion de personne elle-même, afin de caractériser brièvement les relations entre la personne humaine et la société.

L'humaine personnalité est un grand mystère qui réside en chacun de nous. Nous savons qu'un trait essentiel d'une civilisation qui mérite ce nom, est le sens et le respect de la dignité de la personne humaine ; nous savons que pour défendre les droits de la personne humaine comme pour défendre la liberté il convient d'être prêt à donner sa vie. Quelle est donc, pour mériter un tel sacrifice, la valeur enveloppée dans la personnalité de l'homme ? Que désignons-nous au juste, quand nous parlons de la personne humaine ?

Quand nous disons qu'un homme est une personne, nous voulons dire qu'il n'est pas

---

1. Cf. notre étude *Du Régime Temporel et de la Liberté,* et le chapitre *The Human Person and Society* dans *Scholasticism and Politics.*

seulement un morceau de matière, un élément individuel dans la nature, comme un atome, une tige de blé, une mouche ou un éléphant est un élément individuel dans la nature. Où est la liberté, où est la dignité, où sont les droits d'un morceau individuel de matière ? Il n'y a pas de sens à ce qu'une mouche ou un éléphant donne sa vie pour la liberté, la dignité, les droits de la mouche ou de l'éléphant. L'homme est un animal et un individu, mais pas comme les autres. L'homme est un individu qui se tient lui-même en main par l'intelligence et la volonté ; il n'existe pas seulement d'une façon physique, il y a en lui une existence plus riche et plus élevée, il surexiste spirituellement en connaissance et en amour. Il est ainsi en quelque manière un tout, et non pas seulement une partie, il est un univers à lui-même, un microcosme, dans lequel le grand univers tout entier peut être contenu par la connaissance, et qui par l'amour peut se donner librement à des êtres qui sont à lui comme d'autres lui-même, — relation dont il est impossible de trouver l'équivalent dans tout l'univers physique. Cela veut dire, en

15

termes philosophiques, que dans la chair et les os de l'homme il y a une âme qui est un esprit et qui vaut plus que l'univers matériel tout entier. La personne humaine, si dépendante qu'elle soit des moindres accidents de la matière, existe de l'existence même de son âme, qui domine le temps et la mort. C'est l'esprit qui est la racine de la personnalité.

La notion de personnalité implique ainsi celle de totalité et d'indépendance ; si indigente et si écrasée qu'elle puisse être, une personne est comme telle un tout, et en tant que personne elle subsiste d'une manière indépendante. Dire que l'homme est une personne, c'est dire que dans le fond de son être il est un tout plus qu'une partie, et plus indépendant que serf. C'est ce mystère de notre nature que la pensée religieuse désigne en disant que la personne humaine est l'image de Dieu. La valeur de la personne, sa liberté, ses droits, relèvent de l'ordre des choses naturellement sacrées qui portent l'empreinte du Père des êtres et qui ont en lui le terme de leur mouvement. La personne a une dignité absolue parce qu'elle est dans

16

une relation directe avec l'absolu, dans lequel seul elle peut trouver son plein accomplissement ; sa patrie spirituelle, c'est tout l'univers des biens ayant une valeur absolue, et qui reflètent en quelque façon un Absolu supérieur au monde, et qui attirent à lui.

Je n'oublie pas que des hommes étrangers à la philosophie chrétienne peuvent avoir un sens profond et authentique de la personne humaine et de sa dignité, et même parfois montrer dans leur conduite un respect pratique de cette dignité que bien peu sauraient égaler. Mais la description que j'ai esquissée ici de la personne est, je le crois, la seule qui, sans qu'ils en aient conscience eux-mêmes, donne de leurs convictions pratiques une complète justification rationnelle. D'autre part cette description n'est pas le monopole de la philosophie chrétienne (bien que la philosophie chrétienne la porte à un point d'achèvement supérieur). Elle est commune à toutes les philosophies qui d'une manière ou d'une autre reconnaissent l'existence d'un Absolu supérieur à l'ordre entier de l'univers, et la valeur supra-temporelle de l'âme humaine.

Personne et Société

La personne est un tout, mais elle n'est pas un tout fermé, elle est un tout *ouvert*, elle n'est pas un petit dieu sans portes ni fenêtres comme la monade de Leibniz, ou une idole qui ne voit pas, n'entend pas, ne parle pas. Elle tend par nature à la vie sociale et à la communion.

Il en est ainsi non seulement à cause des besoins et des indigences de la nature humaine, en raison desquelles chacun a besoin des autres pour sa vie matérielle, intellectuelle et morale, mais aussi à cause de la générosité radicale inscrite dans l'être même de la personne, à cause de cette ouverture aux communications de l'intelligence et de l'amour qui est le propre de l'esprit, et qui exige l'entrée en relation avec d'autres personnes. A parler absolument, la personne ne peut pas être seule. Ce qu'elle sait, elle veut le dire ; et elle-même elle veut se dire : — à qui, sinon à d'autres personnes ? On peut dire avec Jean-Jacques Rousseau que l'haleine de l'homme est mortelle à l'homme ; on peut dire avec Sénèque : chaque fois que je suis allé parmi les hommes, j'en suis revenu un homme diminué. Cela est vrai, — et par un paradoxe fondamental, nous ne pouvons pas cependant être hommes, et devenir hommes, sans aller parmi les hommes ; nous ne pouvons pas faire croître en nous la vie et l'activité sans respirer avec nos semblables.

Ainsi la société se forme comme une chose exigée par la nature, et (parce que cette nature est la nature *humaine*) comme une œuvre accomplie par un travail de raison et de volonté, et librement consentie. L'homme est un animal politique, c'est-à-dire que la personne humaine demande la vie politique, la vie en société, non seulement au regard de la société familiale, mais au regard de la société civile. Et la cité, pour autant qu'elle mérite son nom, est une société de personnes humaines.

C'est dire qu'elle est un tout de touts, — puisque la personne comme telle est un tout. Et elle est un tout de libertés, puisque la personne comme telle signifie maîtrise de soi ou indépendance (je ne dis pas indépendance absolue, ce qui est le propre de Dieu).

La société est un tout dont les parties sont
elles-mêmes des touts, et elle est un orga-
nisme fait de libertés, non de simples cellu-
les végétatives. Elle a son bien à elle et son
œuvre à elle, qui sont distincts du bien et
de l'œuvre des individus qui la composent.
Mais ce bien et cette œuvre sont et doivent
être par essence *humains,* et par conséquent
se pervertissent s'ils ne contribuent pas au
développement et au mieux-être des personnes humaines.

Le Bien Commun

Il importe de préciser ces notions aussi
clairement que possible.

Ne disons pas que la fin de la société est
le bien individuel ou la simple collection
des biens individuels de chacune des personnes qui la constituent. Une telle formule
dissoudrait la société comme telle au bénéfice de ses parties, et conduirait à l' « anar-
chie des atomes » : elle reviendrait, soit à
une conception franchement anarchiste, soit
à la vieille conception anarchiste-masquée
du matérialisme bourgeois, selon laquelle

tout l'office de la cité est de veiller au respect de la liberté de chacun, moyennant quoi les forts oppriment librement les faibles.

La fin de la société est le *bien commun* de celle-ci, le bien du corps social. Mais si on ne comprenait pas que ce bien du corps social est un bien commun de *personnes humaines,* comme le corps social lui-même est un tout de personnes humaines, cette formule, à son tour, conduirait à d'autres erreurs, de type étatiste ou collectiviste. Le bien commun de la cité n'est ni la simple collection des biens privés, ni le bien propre d'un tout qui (comme l'espèce par exemple à l'égard des individus ou comme la ruche à l'égard des abeilles) rapporte à soi seul et se sacrifie les parties ; c'est la bonne vie *humaine* de la multitude, d'une multitude de personnes, c'est-à-dire de totalités à la fois charnelles et spirituelles, et principalement spirituelles, bien qu'il leur arrive de vivre plus souvent dans la chair que dans l'esprit. Le bien commun de la cité est leur communion dans le bien-vivre ; il est donc commun *au tout et aux parties,* je dis aux parties comme étant elles-mêmes des touts,

21

puisque la notion même de personne signifie totalité ; il est commun au tout et aux parties, sur lesquelles il se reverse et qui doivent bénéficier de lui. Sous peine de se dénaturer lui-même, il implique et exige la reconnaissance des droits fondamentaux des personnes (et celle des droits de la société familiale, où les personnes sont engagées plus primitivement que dans la société politique) ; et il comporte lui-même comme valeur *principale* la plus haute accession possible (c'est-à-dire compatible avec le bien du tout) des personnes à leur vie de personne et à leur liberté d'épanouissement, — et aux communications de bonté qui à leur tour en procèdent.

Ainsi un premier caractère essentiel du bien commun nous apparaît : il implique une *redistribution,* il doit se redistribuer aux personnes et il doit aider leur développement.

Un second caractère concerne *l'autorité* dans la société. Le bien commun est le fondement de l'autorité, car pour conduire une communauté de personnes humaines vers leur bien commun, vers le bien du tout comme tel, il faut bien que certains en particulier[1] aient charge de cette conduite, et que les directions qu'ils impriment, les décisions qu'ils prennent à cet égard soient suivies ou obéies par les autres membres de la communauté. Une telle autorité, guidant vers le bien du tout, s'adresse à des hommes libres, tout au contraire de la domination exercée par un maître sur des êtres humains pour le bien particulier de ce maître lui-même.

Un troisième caractère concerne la *moralité intrinsèque* du bien commun, qui n'est pas seulement un ensemble d'avantages et d'utilités, mais essentiellement droiture de vie, bonne et droite vie humaine de la multitude. La justice et la rectitude morale sont ainsi essentielles au bien commun. C'est pourquoi le bien commun demande le développement des vertus dans la masse des citoyens, et c'est pourquoi tout acte politique injuste et immoral est par lui-même injurieux au bien commun et politiquement

---

1. Dans certains cas l'autorité peut être exercée directement par le peuple lui-même, mais il s'agit alors de communautés très peu nombreuses et menant une vie très simple, ou de décisions particulières à prendre par voie de « referendum ».

mauvais. Nous voyons là quelle est l'erreur radicale du machiavélisme. Nous voyons aussi comment, du fait même que le bien commun est le fondement de l'autorité, celle-ci manque à sa propre essence politique si elle est injuste. Une loi injuste n'est pas une loi.

Totalitarisme et Personnalisme

Du fait même que la société est un tout composé de personnes, il apparaît que la relation mutuelle entre individu et société est complexe et difficile à percevoir et à décrire dans sa complète vérité. Le tout comme tel vaut mieux que les parties, c'est un principe qu'Aristote se plaisait à souligner et que toute philosophie politique plus ou moins anarchiste se plaît à méconnaître. Mais la personne humaine n'est pas seulement partie à l'égard de la société, c'est un autre principe que le christianisme a mis en lumière et que toute philosophie politique absolutiste ou totalitaire rejette dans l'ombre.

Comprenons bien comment la question se

pose. La personne comme telle est un tout, un tout ouvert et généreux. A vrai dire, si la société humaine était une société de *pures personnes,* le bien de la société et le bien de chaque personne ne seraient qu'un seul et même bien. Mais l'homme est très loin d'être une pure personne ; la personne humaine est celle d'un pauvre individu matériel, d'un animal qui naît plus dépourvu que tous les autres animaux. Si la personne comme telle est un tout indépendant, et ce qu'il y a de plus élevé dans toute la nature, la personne humaine est au plus bas degré de personnalité, elle est dénuée et misérable ; c'est une personne indigente et pleine de besoins. Quand elle entre en société avec ses semblables, il arrive donc qu'en raison de ces profondes indigences, et selon tous les compléments d'être qui lui viennent de la société, et sans lesquels elle resterait pour ainsi dire à l'état de vie latente, la personne humaine devient *partie* d'un tout plus grand et meilleur que ses parties, — et qui dépasse la personne en tant qu'elle est ainsi partie du tout, — et dont le bien commun est autre que le bien de chacun et que la somme des biens de chacun. Et cependant, c'est à raison même de la *personnalité* comme telle, et des perfections qu'elle comporte comme tout indépendant et ouvert, qu'elle demande à entrer en société ; en telle sorte qu'il est essentiel au bien du tout social, comme nous l'avons dit, de se reverser en quelque façon sur la personne de chacun.

D'autre part, à raison de sa relation à l'absolu, et selon qu'elle est appelée à une vie et à une destinée supérieures au temps, autrement dit selon les exigences les plus élevées de la personnalité comme telle, la personne humaine *dépasse* toutes les sociétés temporelles et leur est supérieure ; et à ce point de vue, autrement dit à l'égard des choses qui intéressent l'absolu dans l'homme, c'est à l'accomplissement parfait de la personne et de ses aspirations supra-temporelles que la société elle-même et son bien commun sont indirectement subordonnés, comme à une fin d'autre ordre, et qui les transcende. Une seule âme humaine vaut plus que l'univers tout entier des corps et des biens matériels. Il n'y a rien au-dessus de l'âme humaine, — sinon Dieu. A l'égard de la valeur éternelle et de la dignité absolue de l'âme, la société est pour chaque personne et subordonnée à elle.

Il y a là un point d'importance centrale sur lequel je reviendrai dans le prochain chapitre. Pour le moment, je me contenterai de rappeler, à l'usage des amateurs de précisions philosophiques, deux assertions classiques qui me semblent éclairer le fond de la question. « Chaque personne individuelle, écrit saint Thomas d'Aquin,[1] a rapport à la communauté entière comme la partie au tout. » A ce point de vue et sous ce rapport, c'est-à-dire selon qu'en vertu de certaines de ses conditions propres elle est partie de la société, la personne s'engage tout entière et s'ordonne tout entière au bien commun de la société.

Mais ajoutons tout de suite que si l'homme est engagé tout entier comme partie de la société politique (puisqu'il peut avoir à donner sa vie pour elle), cependant il n'est pas partie de la société politique *en vertu de lui-même tout entier* et en vertu de tout ce qui est en lui. Au contraire, en vertu

---

1. *Sum. Theol.*, II-II, 64, 2.

de certaines choses qui sont en lui l'homme s'élève tout entier au-dessus de la société politique. Ici vient la seconde assertion, qui complète et équilibre la première : « L'homme n'est pas ordonné à la société politique selon lui-même tout entier et selon tout ce qui est en lui. »[1]

Il y a une différence énorme entre cette assertion : « L'homme, selon certaines choses qui sont en lui, est engagé *tout entier* comme partie de la société politique », et cette autre assertion : « L'homme est partie de la société politique *selon lui-même tout entier et selon tout ce qui est en lui.* » La première est vraie, la seconde est fausse. C'est ici que réside la difficulté du problème, et sa solution. L'individualisme anarchique nie que l'homme s'engage tout entier, en vertu de certaines choses qui sont en lui, comme partie de la société politique ; le totalitarisme affirme que l'homme est partie de la société politique selon lui-même tout entier et selon tout ce qui est en lui (« tout dans l'Etat, rien contre l'Etat, rien en dehors de l'Etat »). La vérité est que

---

1. *Ibid.,* I-II, 21, 4, ad 3.

l'homme s'engage tout entier — mais non pas selon lui-même tout entier, — comme partie de la société politique, ordonnée au bien de celle-ci. De même un bon philosophe s'engage tout entier dans la philosophie, mais non pas selon toutes les fonctions ni toutes les finalités de son être ; il s'engage tout entier dans la philosophie selon la fonction spéciale et la finalité spéciale de l'intelligence en lui. Un bon coureur s'engage tout entier dans la course, mais non pas selon toutes les fonctions ni toutes les finalités de son être ; il s'engage tout entier dans la course, mais selon la machinerie neuro-musculaire qui est en lui, non selon sa connaissance de la Bible par exemple ou de l'astronomie. La personne humaine s'engage tout entière comme partie de la société politique, mais non pas en vertu de tout ce qui est en elle et de tout ce qui lui appartient. En vertu d'autres choses qui sont en elle, elle est aussi tout entière au dessus de la société politique. Il y a en elle des choses, — et les plus importantes, et les plus sacrées, — qui transcendent la société politique et qui attirent au dessus de la société politique l'homme tout entier, — ce même homme tout entier qui est partie de la société politique en vertu d'une autre catégorie de choses. Je suis partie de l'Etat en raison de certains relations à la vie commune qui intéressent mon être entier ; mais en raison d'autres relations (qui intéressent aussi mon être entier) à des choses plus importantes que la vie commune, il y a en moi des biens et des valeurs qui ne sont pas par l'Etat ni pour l'Etat et qui sont en dehors de l'Etat.

L'homme est *partie* de la communauté politique et inférieur à celle-ci selon les choses qui, en lui et de lui, dépendent, quant à leur essence même, de la communauté politique, et peuvent par suite être appelées à servir de moyens pour le bien — temporel — de celle-ci. Ainsi un mathématicien a appris les mathématiques grâce aux institutions éducatives que la vie sociale seule rend possibles ; cette formation progressive et reçue des autres, et qui atteste les indigences de l'individu humain, dépend de la communauté ; et la communauté pourra demander au mathématicien de servir le groupe social en *enseignant* les mathématiques.

Et d'autre part l'homme *dépasse* la communauté politique selon les choses qui, en lui et de lui, relevant de l'ordination de la personnalité comme telle à l'absolu, dépendent, quant à leur essence même, de plus haut que la communauté politique, et concernent en propre l'accomplissement — supra-temporel — de la personne en tant même que personne. Ainsi les vérités mathématiques ne dépendent pas de la communauté sociale, et concernent l'ordre des biens absolus de la personne comme telle. Et la communauté n'aura jamais le droit de demander à un mathématicien de *tenir pour vrai* tel système mathématique plutôt que tel autre, et d'enseigner telles mathématiques jugées plus conformes à la loi du groupe social (parce que mathématiques *aryennes* par exemple, ou mathématiques *marxistes-léninistes...*)

Le Mouvement des Personnes au sein de la Vie Sociale

L'homme et le groupe sont donc emmêlés l'un dans l'autre, et ils se dépassent l'un l'autre sous des rapports différents. L'homme se trouve lui-même en se subordonnant au groupe, et le groupe n'atteint sa fin qu'en servant l'homme et en sachant que l'homme a des secrets qui échappent au groupe et une vocation que le groupe ne contient pas.

Si ces choses sont bien comprises, on comprend aussi que d'une part la vie en société est naturelle à la personne humaine, et que d'autre part il y aura toujours, — parce que la personne comme telle est une racine d'*indépendance,* — une tension entre la personne et la société. Ce paradoxe, cette tension, ce conflit sont, eux aussi, quelque chose de naturel et d'inévitable. Leur solution n'est pas statique, elle est dynamique, elle provoque un mouvement et s'accomplit dans un mouvement.

Il y a ainsi un mouvement pour ainsi dire vertical des personnes elles-mêmes au sein de la société, — parce que la racine première de la personne n'est pas la société, mais Dieu ; et parce que la fin ultime de la personne n'est pas la société, mais Dieu ; et parce que le foyer auquel la personne constitue de plus en plus parfaitement sa vie de personne est au niveau des choses éternelles, tandis que le niveau auquel elle se constitue comme partie d'une communauté sociale est le niveau des communications temporelles. Ainsi la personne réclame la société et tend toujours à la dépasser, jusqu'à ce qu'elle entre enfin dans la société de Dieu. De la société familiale (plus fondamentale parce qu'elle concerne la perpétuation de l'espèce) elle passe à la société civile ou politique (plus élevée parce qu'elle concerne la vie rationnelle elle-même), et au sein de la société civile elle éprouve le besoin de sociétés ou de co-amitiés plus restreintes, intéressant la vie intellectuelle ou morale elle-même, qu'elle se choisit à son gré, et qui aident son mouvement ascensionnel à un niveau plus élevé, et dont elle souffrira cependant et qu'elle devra dépasser. Et au-dessus de la société civile elle entre, franchissant le seuil d'un royaume qui n'est pas *de ce monde,* dans une société supra-nationale, supra-raciale, supra-temporelle, qui s'appelle l'Eglise, et qui concerne les choses qui ne sont pas à César.

33

Quatre Caractères d'une Société d'Hommes Libres

Nous voyons que la conception de la société que je viens d'esquisser peut être caractérisée par les traits suivants : elle est *personnaliste,* parce qu'elle regarde la société comme un tout de personnes, dont la dignité est antérieure à la société, et qui, si indigentes qu'elles puissent être, enveloppent dans leur être même une racine d'indépendance et aspirent à passer à des degrés de plus en plus élevés d'indépendance, jusqu'à la parfaite liberté spirituelle que nulle société humaine ne suffit à donner.

Cette conception est en second lieu *communautaire,* parce qu'elle reconnaît que la personne tend naturellement à la société et à la communion, en particulier à la communauté politique, et parce qu'elle regarde, dans l'ordre proprement politique, et dans la mesure où l'homme est partie de la société politique, le bien commun comme supérieur à celui des individus.

Cette conception est en troisième lieu *pluraliste,* parce qu'elle comprend que le développement de la personne humaine réclame normalement une pluralité de communautés autonomes, ayant leurs droits, leurs libertés et leur autorité propres ; — parmi ces communautés les unes sont de rang inférieur à l'Etat politique et proviennent, ou bien des exigences fondamentales de la nature (comme la communauté familiale), ou bien de la volonté des personnes s'associant librement en groupes variés ; les autres sont de rang supérieur à l'Etat, comme est avant tout l'Eglise au regard des chrétiens, et comme serait aussi, sur le plan temporel, la communauté internationale organisée à laquelle nous aspirons aujourd'hui.

Enfin la conception de la société dont nous parlons est *théiste* ou *chrétienne,* non pas en ce sens qu'elle exigerait que chacun des membres de la société croie en Dieu et soit chrétien, mais en ce sens qu'elle reconnaît que dans la réalité des choses Dieu, principe et fin de la personne humaine, et premier principe du droit naturel, est aussi le premier principe de la société politique et de l'autorité parmi nous, et en ce sens qu'elle reconnaît que les courants de liberté et de fraternité ouverts par l'Evangile, les vertus de justice et d'amitié sanctionnées par lui, le respect pratique de la personne humaine proclamé par lui, le sentiment de responsabilité devant Dieu requis par lui tant de celui qui exerce l'autorité que de celui qui la subit, sont l'énergie interne dont la civilisation a besoin pour parvenir à son accomplissement. Ceux qui ne croient pas en Dieu ou qui ne professent pas le christianisme, si cependant ils croient à la dignité de la personne humaine, à la justice, à la liberté, à l'amour du prochain, peuvent coopérer eux aussi à la réalisation d'une telle conception de la société, et coopérer au bien commun, alors même qu'ils ne savent pas remonter jusqu'aux premiers principes de leurs convictions pratiques, ou cherchent à fonder celles-ci sur des principes déficients. Dans cette conception la société civile est organiquement liée à la religion et ne fait que se tourner consciemment vers la source de son être en invoquant l'assistance divine et le nom divin selon que ses membres le connaissent. Indépendante dans sa propre sphère temporelle, elle a au-dessus d'elle le royaume des choses qui ne sont pas à César, et elle a à coopérer avec la religion, non par aucune sorte de théocratie ou de cléricalisme, ni en exerçant aucune pression en matière religieuse, mais en respectant et facilitant, sur la base des droits et des libertés de chacun, l'activité spirituelle de l'Eglise et des diverses familles religieuses qui se trouvent groupées en fait au sein de la communauté temporelle.

Une Société vitalement Chrétienne

La présente guerre nous avertit que le monde en a fini avec la neutralité. Bon gré mal gré, les Etats seront obligés de choisir pour ou contre l'Evangile, ils seront formés par l'esprit totalitaire ou par l'esprit chrétien.

Ce qui importe ici, c'est de distinguer l'apocryphe d'avec l'authentique, un Etat clérical ou décorativement chrétien d'avec une société politique vitalement et réellement chrétienne. Toute tentative d'Etat clérical ou décorativement chrétien, —

essayant de ressusciter ce type d' « Etat chrétien » dont se targuaient les gouvernements les moins réellement chrétiens de l'âge absolutiste, et où l'Etat était considéré comme une entité séparée (de fait, le monde gouvernemental et sa police) imposant à la communauté, par un système de privilèges et par la suprématie des moyens de contrainte, des formes extérieures ou des apparences chrétiennes destinées avant tout à fortifier le pouvoir et l'ordre existant, — toute tentative d'Etat pharisaïquement chrétien est condamnée, dans le monde d'aujourd'hui, à devenir la victime, la proie ou l'instrument du totalitarisme anti-chrétien.

Une société politique vitalement et réellement chrétienne serait chrétienne en vertu de l'esprit même qui l'anime et qui informe ses structures, c'est dire qu'elle serait chrétienne évangéliquement. Et parce que l'objet immédiat de la cité temporelle est la vie humaine avec ses activités et ses vertus naturelles, et le bien commun humain, non la vie divine et les mystères de la grâce, une telle société politique ne requerrait pas de ses membres un credo religieux commun et ne mettrait pas dans une situation d'infériorité ou de diminution politique ceux qui sont étrangers à la foi qui l'anime ; et tous, catholiques et non-catholiques, chrétiens et non-chrétiens, dès l'instant qu'ils reconnaissent, chacun dans sa perspective propre, les valeurs humaines dont l'Evangile nous a fait prendre conscience, la dignité et les droits de la personne, le caractère d'obligation morale inhérent à l'autorité, la loi de l'amour fraternel et la sainteté du droit naturel, se trouveraient par là même entraînés dans son dynamisme et seraient capables de coopérer à son bien commun. Ce n'est pas en vertu d'un système de privilèges et de moyens de contrainte externe et de pression, c'est en vertu de forces internes développées au sein du peuple et émanant de lui, en vertu du dévouement et du don de soi des hommes qui se mettraient au service de l'œuvre commune et dont l'autorité morale serait librement acceptée, en vertu des institutions, des mœurs, et des coutumes, qu'une telle société politique pourrait être appelée chrétienne, non dans ses apparences, mais dans sa substance.

Elle serait consciente de sa doctrine et de sa morale. Elle serait consciente de la foi qui l'inspire et elle l'exprimerait publiquement. De fait il est clair que pour un peuple donné, cette expression publique de la foi commune prendrait de préférence les formes de la confession chrétienne à laquelle l'histoire et les traditions de ce peuple sont le plus vitalement liées. Mais les autres confessions religieuses pourraient aussi avoir part à cette expression publique, et elles seraient aussi représentées, pour défendre leurs droits et leurs libertés, et pour aider à l'œuvre commune, dans les conseils de la nation.

L'Eglise catholique insiste sur ce principe que la vérité doit avoir le pas sur l'erreur et que la vraie religion, quand elle est connue, doit être aidée dans sa mission spirituelle de préférence aux religions dont le message est plus ou moins défaillant et où l'erreur se mêle avec la vérité. C'est là une simple conséquence de ce que l'homme doit à la vérité. Il serait cependant très faux d'en conclure que ce principe ne peut s'appliquer qu'en réclamant pour la vraie religion les faveurs d'un pouvoir absolutiste ou l'assistance des dragonnades, ou que l'Eglise catholique revendique des sociétés modernes les privilèges dont elle jouissait dans une civilisation de type sacral comme celle du moyen âge. C'est la mission spirituelle de l'Eglise qui doit être aidée, non la puissance politique ou les avantages temporels auxquels tels ou tels de ses membres pourraient prétendre en son nom. Et dans l'état d'évolution et de conscience de soi auquel sont parvenues les sociétés modernes, une discrimination sociale ou politique en faveur de l'Eglise, ou l'octroi de privilèges temporels à ses ministres ou à ses fidèles, ou une politique de cléricalisme, seraient précisément de nature à compromettre, non à aider, cette mission spirituelle. Aussi bien la corruption de la religion par l'intérieur, à laquelle travaillent aujourd'hui les dictatures de type totalitaire-clérical, est-elle pire que la persécution. Par là même que la société politique a différencié plus parfaitement sa sphère propre et son objet temporel, et rassemble de fait dans son bien commun temporel des hommes appartenant à des familles religieuses différentes, il est devenu nécessaire que sur le plan temporel le principe de l'égalité des droits s'applique à ces différentes familles. Il n'y a qu'un bien commun temporel, celui de la société politique, comme il n'y a qu'un bien commun surnaturel, celui du Royaume de Dieu, qui est supra-politique. Introduire dans la société politique un bien commun particulier, qui serait le bien commun temporel des fidèles d'une religion, fût-ce de la vraie religion, et qui réclamerait pour eux une situation privilégiée dans l'Etat, serait introduire un principe de division dans la société politique et manquer pour autant au bien commun temporel. C'est une conception pluraliste, assurant sur la base de l'égalité des droits les libertés propres des diverses familles religieuses institutionnellement reconnues et le statut de leur insertion dans la vie civile, qui est appelée, croyons-nous, à remplacer la conception dite (improprement) « théocratique » de l'âge sacral, la conception cléricale de l'époque joséphiste et la conception « libérale » de l'époque bour-

42

geoise, et à harmoniser les intérêts du spirituel et ceux du temporel en ce qui concerne les questions mixtes (civiles-religieuses), en particulier celle de l'école. Dans un pays de structure religieuse catholique comme la France, l'Eglise catholique tirerait d'une telle organisation une force de rayonnement spirituel particulière, du fait de la prépondérance de son autorité morale et de son dynamisme religieux. Ce n'est pas dans une situation juridique privilégiée, c'est dans un droit égal chrétien, dans un droit égal inspiré de son propre esprit, et dans une égale équité chrétienne, qu'elle trouverait une assistance particulièrement appropriée à son œuvre.[1] Ce n'est pas en accordant à l'Eglise un traitement de faveur, et en cherchant à se l'attacher par des avantages tem-

---

1. Il est très intéressant de noter à ce point de vue que le récent concordat conclu entre le Saint-Siège et le Portugal ne comporte aucun traitement reçu de l'Etat par le clergé. Il « condamne le clergé à une glorieuse pauvreté, » écrivait à ce sujet le Cardinal Patriarche de Lisbonne, en soulignant l'importance de l'exemple ainsi donné, et la nécessité pour le clergé de se consacrer uniquement et librement à la mission divine de l'Eglise. L'Etat portugais admet la liberté de religion et ne reconnaît à aucune Eglise le privilège d'Eglise d'Etat, et cela sans adopter lui-même une attitude de neutralité, « les principes de doctrine et de morale dont il s'inspire étant les principes catholiques ». (*The Catholic Register*, Toronto, January 22, 1942.) Une fois de plus, le Cardinal

porels payés du prix de sa liberté, que l'Etat
l'aiderait davantage dans sa mission spirituelle, c'est en lui demandant davantage, —
en demandant à ses prêtres d'aller aux mas-
ses et de se joindre à leur vie pour répandre
en elles le ferment de l'Evangile, et pour
ouvrir les trésors de la liturgie au monde du
travail et à ses fêtes, — en demandant à ses
ordres religieux de coopérer aux œuvres
d'assistance sociale et d'éducation de la communauté civile, à ses militants laïques et à
ses organisations de jeunesse d'aider le travail moral de la nation et de développer
dans la vie sociale le sens de la liberté et de
la fraternité.

Le Mouvement des Sociétés dans le Temps

J'ai parlé d'un mouvement pour ainsi
dire vertical de la personne humaine au sein

Cerejeira a montré la voie et éclairé les esprits dans la confusion du temps présent. Fait d'autant plus remarquable que
dans l'ordre politique au contraire le régime auquel l'Etat
portugais est soumis est un exemple à ne pas suivre (dictature systématique, qui, au surplus, n'étant pas totalitaire sans
doute mais étant amie du totalitarisme espagnol ami lui-
même du fascisme et du nazisme, constitue un appât idéal
pour faire mordre à l'hameçon du totalitarisme international des esprits dépourvus d'expérience politique).

de la société. La tension dynamique entre personne et société provoque encore une seconde sorte de mouvement, celui-ci en quelque sorte horizontal, je veux dire un mouvement de progression des sociétés elles-mêmes évoluant dans le temps. Ce mouvement dépend d'une grande loi qu'on pourrait appeler la double loi de la dégradation et de la surélévation de l'énergie de l'histoire, ou de la masse d'activité humaine dont le mouvement de l'histoire dépend. Tandis que l'usure du temps et la passivité de la matière dissipent et dégradent naturellement les choses de ce monde et l'énergie de l'histoire, les forces créatrices qui sont le propre de l'esprit et de la liberté, et leur preuve, et qui normalement ont leur point d'application dans l'effort de quelques-uns, — voués par là au sacrifice, — remontent de plus en plus la qualité de cette énergie. La vie des sociétés humaines avance et progresse ainsi au prix de beaucoup de pertes, elle avance et progresse grâce à cette surélévation de l'énergie de l'histoire due à l'esprit et à la liberté, et grâce aux perfectionnements techniques qui sont par-

fois en avance sur l'esprit (d'où des catastrophes) mais qui demandent par nature à
être des instruments de l'esprit. Telle est
l'idée du progrès qui doit à mon avis se
substituer à la fois à la notion illusoire du
progrès nécessaire conçu à la façon de
Condorcet, et à cette négation ou aversion du progrès qui prévaut aujourd'
hui chez ceux qui désespèrent de l'homme
et de la liberté, et qui est en elle-même un
principe de suicide historique. J'ai eu le
plaisir de trouver des conceptions semblables exposées, du point de vue scientifique
qui est le sien, dans une conférence récemment faite à Péking par le célèbre paléontologiste Teilhard de Chardin ;[1] il indique
là que « si vieille que paraisse la faire à nos
yeux la préhistoire, l'Humanité est encore
très jeune » ; et il montre que l'évolution
de l'Humanité doit être envisagée comme
la continuation de l'évolution de la vie tout
entière, où *progrès* signifie *montée de la
conscience* et où la *montée de la conscience*
est liée à un degré supérieur d'*organisation*.

1. *Réflexions sur le progrès,* par Pierre Teilhard de Chardin,
Péking, 1941.

« Le Progrès, s'il doit continuer, ne se fera pas tout seul ; *l'Evolution, de par le mécanisme même de ses synthèses, se charge toujours plus de liberté.* »

Si nous nous plaçons dans les perspectives de l'histoire entière de la vie et de l'humanité, où il faut employer une échelle de durée incomparablement plus grande que celle à laquelle nous sommes habitués dans notre expérience ordinaire, nous reprenons confiance en la marche en avant de notre espèce, et nous comprenons que la loi de la vie, qui mène à plus d'unité par plus d'organisation, passe normalement de la sphère du progrès biologique à celle du progrès social et de l'évolution de la communauté civilisée. La question cruciale qui se pose ici devant la liberté humaine concerne la voie à adopter pour cette unification progressive : unification par forces externes et compulsion ? Unification par forces internes, c'est-à-dire par le progrès de la conscience morale, par le développement des relations de droit et d'amitié, par la libération des énergies spirituelles ? La science témoigne de ce fait que « l'unification de coercition ne fait apparaître qu'une pseudo-unité de surface. Elle peut monter un mécanisme : mais elle n'opère aucune synthèse de fond ; et par suite, elle n'engendre aucun accroissement de conscience. Elle matérialise, en fait, au lieu de spiritualiser. » La coercition aura toujours un rôle à jouer dans les sociétés humaines ; ce n'est pas à elle qu'il faut demander la loi du progrès. Seule l'unification par forces internes « est biologique. » « Seule elle réalise ce prodige de faire sortir plus de personnalité des forces de collectivité. Seule elle représente le prolongement authentique de la Psychogénèse » au terme de laquelle l'Homme est apparu, et qui continue sous des formes nouvelles dans l'évolution collective de l'humanité. En définitive c'est « dans l'attrait commun » exercé par un centre transcendant, qui est Esprit et Personne, et en qui les hommes peuvent réellement s'aimer les uns les autres, que le développement de l'humanité, ainsi animé et surélevé dans l'ordre lui-même de l'histoire temporelle, trouve sa loi suprême.

On peut encore remarquer avec le même

savant que quelle que soit leur croyance ou
leur incroyance religieuse, les hommes qui
admettent et ceux qui nient la marche en
avant de l'Humanité dont il vient d'être
question prennent ainsi position sur ce qui
est pratiquement décisif au point de
vue de la vie des sociétés humaines. Au regard du royaume de Dieu et de la vie éternelle c'est l'acceptation ou le refus du
dogme religieux qui fait la différence essentielle entre les esprits. Au regard de la
vie temporelle et de la cité terrestre, c'est
l'acceptation ou le refus de la vocation historique de l'humanité.[1] A vrai dire, qu'elle
soit demeurée chrétienne ou qu'elle se soit
laïcisée, cette idée de la vocation historique
de l'humanité est d'origine chrétienne et
relève de l'inspiration chrétienne ; ce qui
est singulier, c'est que bien des chrétiens
l'aient perdue, et, tout en restant attachés
aux dogmes de la foi, laissent de côté l'inspiration de la foi quand il s'agit de juger
des choses humaines.

---

1. Pierre Teilhard de Chardin, *Sur les bases possibles d'un credo humain commun,* Péking, 30 Mars 1941.

La Conquête de la Liberté

Cette digression sur le progrès nous fait mieux comprendre ce que j'appelais tout à l'heure le mouvement horizontal de la vie des sociétés. Pour revenir à des considérations plus strictement politiques, on doit remarquer qu'à l'origine de ce mouvement de progression il y a les aspirations naturelles de la personne humaine vers sa liberté d'épanouissement, et vers une émancipation politique et sociale qui l'affranchira de plus en plus des contraintes de la nature matérielle. Le mouvement dont je parle tend à réaliser progressivement dans la vie sociale elle-même l'aspiration de l'homme à être traité comme une personne, c'est-à-dire comme un tout. Quel paradoxe ! Dans le tout social les parties elles-mêmes demandent à être traitées comme des touts, non comme des parties. C'est par le caractère moral des relations sociales elles-mêmes qu'un tel paradoxe peut être résolu. L'idéal auquel tend ainsi la personne, et dont l'accomplissement parfait suppose que l'histoire humaine a atteint son terme, autrement dit que l'Humanité a passé au delà de l'histoire, est une limite supérieure attirant à soi la partie montante de l'histoire humaine ; il exige le climat d'une philosophie héroïque de la vie, suspendue à l'absolu et aux valeurs spirituelles. Il n'est progressivement réalisable que par le développement du droit, et d'un sens en quelque sorte sacré de la justice et de l'honneur, et par le développement de l'amitié civique. Car la justice et le droit, en imposant leur loi à l'homme comme à un agent moral, et en s'adressant à la raison et au libre arbitre, concernent comme tels la personnalité, et transforment en une relation entre deux touts — le tout de la personne individuelle et le tout social — ce qui autrement ne serait qu'une pure subordination de la partie au tout ; et l'amour, en assumant volontairement ce qui serait contrainte, le transfigure en liberté et en libre don. Si la structure de la société relève avant tout de la justice, c'est de l'amitié civique que relèvent le dynamisme vital et la force créatrice interne de la société. L'amitié fait le consentement des volontés, demandé par la nature, mais librement accompli, qui est à l'origine de la communauté sociale. L'amitié est la cause propre de la paix civile. Elle est la forme animatrice de la société, — Aristote le savait bien, qui distinguait les espèces de communauté d'après les types d'amitié. La justice et le droit ne suffisent pas, ce sont des conditions prérequises indispensables. La société ne peut pas vivre sans le perpétuel don et le perpétuel surcroît provenant des personnes, sans la source de générosité, cachée au plus profond de la vie et de la liberté des personnes, que l'amour fait jaillir.

En même temps la justice, les institutions de droit, le développement des structures juridiques, et l'amitié civique, incarnée elle aussi dans des institutions, représentent ce principe d'unification *par les forces internes* dont il était question tout à l'heure, et la seule voie pour l'humanité de passer à des degrés plus élevés d'organisation et d'unification, correspondant à des degrés plus élevés de conscience collective.

Enfin ce développement lui-même de la justice et de l'amitié est lié à un progrès de

l'égalité parmi les hommes ; je ne pense pas
là à une égalité arithmétique exclusive de
toute différenciation et de toute inégalité,
qui réduirait toutes les personnes humaines
au même niveau. Je pense au progrès de
la conscience, en chacun de nous, de notre
égalité fondamentale et de notre communion dans la nature humaine ; et je pense
au progrès de cette égalité de proportion
que réalise la justice, en traitant chacun selon
ce qui lui est dû, et, avant tout, tout homme
en homme. Les anciens remarquaient à ce
propos que « l'amitié, c'est-à-dire l'union
ou la société des amis, ne peut pas exister
entre des êtres trop distants les uns des autres. L'amitié suppose que les êtres sont rap-
prochés les uns des autres, et sont parvenus
à l'égalité entre eux. Il appartient à l'amitié
d'user d'une manière égale de l'égalité qui
existe déjà entre les hommes. Et c'est à la
justice qu'il appartient d'amener à l'égalité
ceux qui sont inégaux : quand cette égalité
est atteinte, l'œuvre de la justice est accomplie. Et ainsi l'égalité est au terme de la
justice, et elle est au principe et à l'origine
de l'amitié. » Ainsi parle saint Thomas

d'Aquin commentant Aristote.[1] Il nous ré-
vèle de cette façon la nécessité profonde de
ce ferment d'égalité qui travaille la société
humaine — en fait, depuis l'avènement de
l'Evangile, — et qui ne tend pas à réduire
tous les hommes au même niveau, mais à
établir entre eux, — par des relations de
justice, par la reconnaissance des droits
propres de chacun, et par une participation
de plus en large de tous aux biens matériels
et spirituels du capital commun, — cette
égalité et cette proximité qui sont au principe de l'amitié.

Les considérations que je viens de développer mettent en lumière une seconde
série de caractères propres à une conception
vraiment humaniste de la société. Cette conception affirme le *mouvement progressif* de
l'humanité, non comme un mouvement au-
tomatique et nécessaire, mais comme un
mouvement contrarié, acheté au prix d'une
tension héroïque des énergies spirituelles et
des énergies physiques. Elle reconnaît la
justice et *l'amitié civique* comme les fonde-

1. Saint Thomas d'Aquin, Comment. sur l'*Ethique,* livre
VIII, leçon 7.

ments essentiels de cette communauté de personnes humaines qu'est la société politique ; et en conséquence elle insiste aussi sur le rôle fondamental de l'*égalité,* non seulement de l'égalité de nature, qui est à la racine, mais de l'égalité à conquérir comme un fruit de la justice et comme un fruit du bien commun reversé sur tous.

L'Œuvre Commune

Une troisième série de considérations doit encore être présentée, pour achever de caractériser la vraie nature de la société politique.

La fin de la société politique, comme celle de toute société humaine, implique une certaine œuvre à faire en commun. C'est là une propriété liée au caractère humain et rationnel de la société proprement dite : cette œuvre à faire est la raison objective de l'association et du consentement (implicite ou explicite) à la vie commune. On s'assemble pour quelque chose, pour un objet, pour une œuvre à accomplir.

Dans la société de type individualistebourgeois il n'y a pas d'œuvre commune à faire ; et il n'y a pas non plus de communion. Chacun demande seulement à l'Etat de protéger sa liberté individuelle de profiter contre les empiètements éventuels de la liberté des autres.

Dans la communauté de type racial (à laquelle certaines dispositions du tempérament germanique se prêtent trop bien), il n'y a pas non plus d'objet, d'œuvre à accomplir en commun, mais en revanche il y a une passion de communion. Ce n'est pas pour un but objectif qu'on s'assemble, c'est pour le plaisir subjectif d'être ensemble ou de *zusammenmarschieren*. La notion germanique de communauté repose sur la nostalgie d'être ensemble, sur le besoin affectif de la communion pour elle-même, — la fusion dans la communauté devient alors une compensation à un sentiment anormal d'isolement et de détresse. Rien n'est plus dangereux qu'une telle notion de la communauté : privée d'objet déterminant, la communion politique va porter ses exigences à l'infini, absorber et uniformiser les personnes, engloutir en elle les énergies religieuses

56

de l'être humain. N'étant pas définie par une œuvre à faire, elle ne pourra se définir que par son opposition à d'autres groupes humains ; elle aura ainsi essentiellement besoin d'un *ennemi contre lequel* elle se fera ; c'est en reconnaissant et en haïssant ses ennemis que le corps politique réalisera sa propre conscience commune. Et finalement comme il faudra bien faire quelque chose et tendre vers quelque chose, ce quelque chose, qui n'est pas un objet déterminé, ni une fin proprement dite, ne sera lui-même que le *sens* d'un mouvement, ou le *sens* d'un rêve, une marche indéfinie vers on ne sait quelles conquêtes.

En réalité les hommes ne communient vraiment que dans un objet. C'est pourquoi la suprême communion s'accomplit pour eux dans la connaissance et l'amour de *Quelqu'un,* qui est la Vérité elle-même et l'Amour même subsistant. Et c'est pourquoi la communauté politique se réalise, sur le plan terrestre de notre nature rationnelle, en raison d'un objet qui est une œuvre à faire en commun.

Cela étant compris, la question maintenant est de déterminer convenablement cette œuvre. Quelle est l'œuvre pour l'accomplissement de laquelle les hommes constituent ensemble une société politique ? Cette œuvre ne concerne pas une section particulière de l'activité humaine, comme c'est le cas par exemple pour l'œuvre — le progrès des sciences biologiques — que se propose une société de biologistes. Non, ce que l'œuvre politique concerne, c'est la *vie humaine* elle-même du tout social ; et chacun, comme nous l'avons vu, est engagé tout entier dans cette œuvre commune, bien qu'il n'y soit pas engagé selon lui-même tout entier et selon tout ce qui est en lui, et bien qu'il la dépasse à d'autres points de vue.

C'est dénaturer la société politique que de lui assigner pour objet une œuvre de rang inférieur à la vie humaine elle-même et aux activités de perfectionnement interne qui lui sont propres. J'ai remarqué il y a un instant que dans la conception individualiste-bourgeoise il n'y a pas d'œuvre commune à proprement parler ; la fonction de l'Etat est seulement d'assurer les commodités matérielles d'une poussière d'individus occupés chacun à chercher son bien-être et à s'enrichir. Dans la conception totalitaire-communiste, l'œuvre essentielle et primordiale du tout social est la domination industrielle de la nature. Dans la conception totalitaire-raciste, l'œuvre essentielle et primordiale du tout social, ou plutôt le sens dans lequel la « communion » s'affirme fatalement, est la domination politique des autres hommes. Dans ces trois conceptions, — dont la troisième est certainement la pire, — la société politique est dénaturée, et la personne humaine est sacrifiée ; dans la conception bourgeoise-individualiste, qui confondait la dignité véritable de la personne avec l'illusoire divinité d'un Individu abstrait qui se suffirait à lui-même, la personne humaine était laissée seule et désarmée ; particulièrement la personne de ceux qui ne possèdent pas était laissée seule et désarmée devant les possédants qui l'exploitaient. Dans la conception communiste et dans la conception raciste, la dignité de la personne est méconnue, et la personne humaine est sacrifiée au titanisme de l'industrie qui est le dieu de la communauté économique, ou au démon de la race et du sang qui est le dieu de la communauté raciale. Et dans aucun de ces cas il n'y a d'œuvre proprement politique.

Le Progrès interne de la Vie Humaine elle-même

La liberté de chacun doit être protégée ; l'homme doit travailler à se soumettre la nature matérielle par son industrie ; la cité doit être forte et se défendre efficacement contre les actions dissolvantes et contre ses ennemis éventuels. Toutes ces choses sont nécessaires, mais elles ne définissent pas l'objet essentiel et primordial du rassemblement politique. *L'œuvre politique vers laquelle tout cela doit tendre est la bonne vie humaine de la multitude, l'amélioration des conditions de la vie humaine elle-même,* le perfectionnement interne et le progrès, — matériel sans doute, mais aussi et principalement moral et spirituel, — grâce auquel les attributs de l'Homme ont à se réaliser et à se manifester dans l'histoire ; l'objet essentiel et primordial pour lequel les hommes se rassemblent dans la communauté politique, c'est de *procurer le bien commun de la multitude en telle sorte que la personne concrète, non pas seulement dans une catégorie de privilégiés, mais dans la masse tout entière, accède réellement à la mesure d'indépendance qui convient à la vie civilisée, et qu'assurent à la fois les garanties économiques du travail et de la propriété, les droits politiques, les vertus civiles et la culture de l'esprit.*

Bref l'œuvre politique est essentiellement une œuvre de civilisation et de culture. Ce sont les aspirations foncières de la personne humaine qui illuminent et découvrent la nature de cette œuvre, et l'aspiration la plus foncière de la personne est l'aspiration à la *liberté d'épanouissement.* La société politique est destinée à développer des conditions de vie commune qui tout en procurant premièrement le bien, la vigueur et la paix du tout, aident positivement chaque personne à la conquête progressive de cette liberté d'épanouissement, laquelle consiste avant tout dans la floraison de la vie morale et rationnelle, et de ces activités intérieures (« immanentes ») que sont les vertus intellectuelles et morales. Le mouvement ainsi déterminé, et qui est le mouvement propre de la communauté politique, est un mouvement vers l'affranchissement ou l'émancipation conforme aux vraies aspirations de notre être : affranchissement progressif des servitudes de la nature matérielle non seulement pour notre bien-être matériel, mais avant tout pour le développement en nous de la vie de l'esprit ; affranchissement progressif des diverses formes de servitude politique (car l'homme étant un « animal politique », c'est un vœu de notre nature que chacun participe activement et librement à la vie politique) ; affranchissement progressif des diverses formes de servitude économique et sociale (car c'est aussi un vœu de notre nature que nul homme ne soit dominé par un autre homme comme un organe au service du bien particulier de celui-ci). Il se peut que l'homme ne devienne pas meilleur. Du moins son état de vie deviendra meilleur. Les structures de la vie humaine et la conscience de l'humanité progresseront.

Cette conception de la société politique et de son œuvre primordiale est la conception même d'Aristote, mais délivrée de ses scories esclavagistes comme du statisme auquel en général la pensée grecque était soumise, et rendue dynamique par cette révélation du mouvement de l'histoire, et des aspirations infinies de la personne, et du potentiel évolutif de l'humanité, que l'avènement de l'Evangile nous a apportée.

L'œuvre politique ainsi définie est la plus difficile de toutes. Non seulement elle ne peut se réaliser que grâce au progrès des techniques matérielles et des techniques d'organisation ; non seulement elle suppose des sociétés d'autant plus puissamment équipées et défendues qu'elles veulent être justes ; non seulement elle réclame un développement de l'intelligence et de la connaissance des choses humaines dont nous sommes encore extrêmement loin (car la connaissance de l'homme nous est beaucoup plus difficile que celle de la matière) ; mais elle exige aussi une tension héroïque de la

vie morale et des énergies créatrices, grâce
à laquelle la puissance de la Machine, au
lieu d'être employée sauvagement par l'instinct de domination à maîtriser l'humanité,
soit employée par la raison collective à l'affranchir ; elle exige la libération, dans un
nombre croissant d'êtres humains, des forces
de dévouement et de générosité qui poussent
l'homme à se sacrifier pour une meilleure
vie pour ses frères et pour ses descendants.
Il n'est pas étonnant qu'à l'égard des possibilités et des demandes que l'Evangile nous
apporte dans l'ordre social-temporel, nous
en soyons encore à un âge préhistorique.

Mais au milieu des difficultés, des con-
flits et des misères d'un état encore primitif
de l'humanité, l'œuvre politique doit réaliser *ce qu'elle peut* de ses exigences essentielles et primordiales. Et cela même n'est possible que si elle connaît ces exigences, et si
elle est suspendue à un idéal historique difficile et élevé, capable de soulever et d'en-
traîner toutes les énergies de bonté et de
progrès cachées dans les profondeurs de
l'homme, et aujourd'hui abominablement
réprimées ou perverties. L'œuvre politique

dans laquelle les personnes humaines peuvent vraiment communier, et à laquelle,
pour la suite des siècles, l'espérance terrestre
de notre race et l'énergie de l'histoire humaine doivent normalement s'appliquer,
c'est l'instauration d'une *cité fraternelle* où
l'homme soit affranchi de la misère et de
la servitude. Un tel idéal constitue une limite supérieure et il faut y tendre d'autant
plus vigoureusement que sa réalisation ne
peut être qu'imparfaite ici-bas. Selon qu'on
l'entend d'une conduite fraternelle de tous,
les uns à l'égard des autres, et de la victoire
de l' « Homme Nouveau » supposée par là,
il se réfère à l'au-delà de l'histoire, et représente pour celle-ci un « mythe », — le
« mythe » dont l'histoire temporelle a besoin. Selon qu'on l'entend des états où l'existence humaine est progressivement constituée par les structures de la vie commune
et de la civilisation, il concerne l'histoire
elle-même et représente un « idéal historique concret », imparfaitement mais positivement réalisable. C'est pour avancer vers
un tel idéal que la cité doit être forte. L'a-
vènement d'une vie commune qui réponde

à la vérité de notre nature, la liberté à conquérir et l'amitié à instaurer au sein d'une civilisation vivifiée par des vertus plus hautes que les vertus civiles, définissent l'idéal historique pour lequel on peut demander aux hommes de travailler, de combattre et de mourir. Contre le mythe du XXe siècle tel que le conçoivent les Nazis, contre le millénaire de domination brutale que les prophètes du racisme germanique promettent à leur peuple, c'est un espoir plus vaste et plus grand qui doit surgir, c'est une promesse plus hardie qui doit être faite à la race humaine. La vérité de l'image de Dieu naturellement empreinte en nous, la liberté et la fraternité ne sont pas mortes. Si notre civilisation agonise, ce n'est pas parce qu'elle ose trop, et parce qu'elle propose trop aux hommes. C'est parce qu'elle n'ose pas assez, et ne leur propose pas assez. Elle revivra, une nouvelle civilisation vivra, à condition d'espérer, et de vouloir, et d'aimer vraiment et héroïquement la vérité, la liberté et la fraternité.

CHAPITRE II

LES DROITS DE LA PERSONNE

L'Humanisme Politique

La conception de la société politique esquissée dans le chapitre précédent est, croyons-nous, fondée sur la réalité de la nature humaine et de la personne humaine, et elle procède de ses principes par voie nécessaire. Elle représente la philosophie politique que nous tenons pour vraie, et pour la seule vraie. Cherchons-nous un nom pour la désigner ? Disons qu'elle est une philosophie politique *humaniste,* ou un humanisme politique.

Une telle philosophie politique est quelque chose de beaucoup plus ample et plus profond qu'une forme particulière de gouvernement, qu'un « régime » au sens que depuis la fameuse classification aristotélicienne nous donnons à ce mot. C'est dans la mesure où les exigences essentielles de l'humanisme politique sont réalisées dans les divers régimes que ceux-ci trouvent en lui un fondement et une justification : c'est le cas, notamment, pour les trois régimes typiques définis par Aristote, — le régime monarchique, qui dans sa conception du bien commun tend avant tout à la vigueur et à l'unité, — le régime aristocratique, qui tend avant tout à la différenciation des valeurs et à la production des valeurs les plus élevées et les plus rares, — le régime démocratique, (disons, pour être fidèles à la terminologie d'Aristote, le régime « républicain »), qui tend avant tout à la liberté. Il est clair, avec cela, que si l'on fait abstraction des circonstances et des nécessités historiques particulières dans lesquelles tel ou tel peuple est engagé à tel moment, le régime que l'humanisme politique regarde comme le meilleur en lui-même est un régime mixte, où les caractères typiques des trois régimes classiques, ou plutôt des trois épures abstraites, des trois formes pures dégagées par Aristote sont organiquement unis. Mais ce n'est pas assez dire. Les trois formes classiques de gouvernement ne réalisent pas également et univoquement les exigences de la philosophie politique humaniste. Elles les réalisent analogiquement, et d'une manière plus ou moins parfaite. L'importance centrale reconnue par cette philosophie à la personne humaine et à la conquête progressive de la liberté conduit à penser que le régime monarchique et le régime aristocratique sont normalement des étapes vers un régime mixte fondamentalement républicain, maintenant dans sa forme républicaine et assimilant à ses dominantes propres — qui sont la liberté d'épanouissement des personnes et l'affranchissement progressif de l'être humain — les qualités de vigueur et d'unité, et de différenciation des valeurs, qui étaient les dominantes propres du régime monarchique et du régime aristocratique désormais dépassés.

Une fausse philosophie de la vie, qui faisait de la liberté humaine la règle souveraine de tout l'ordre moral et social, — de la multitude un dieu fainéant n'obéissant à personne mais entièrement remis au pouvoir de l'Etat qui l'incarnait, — de toutes les valeurs humaines, et en particulier du travail, une marchandise à échanger contre des richesses et contre l'espoir de posséder en paix la matière, — de la Démocratie ou de la Révolution une Jérusalem céleste de l'Homme sans Dieu, — cette fausse philosophie de la vie a si bien altéré le principe vital des démocraties modernes qu'on a pu la confondre parfois avec la Démocratie elle-même changée en Démocratisme. Et pourtant ce que nos pères aimaient le plus réellement dans la Démocratie, comprise comme une marche vers la justice et le droit, et vers l'affranchissement de l'être humain, relève d'une philosophie toute différente, dont les sources sont évangéliques. Dans la terrible confusion de notre âge, c'est pour les vérités inséparables du principe authentique de l'émancipation humaine que les peuples libres sont bon gré mal gré engagés dans une lutte sans merci. Et c'est souvent encore à travers les erreurs de la fausse philosophie de l'Emancipation qu'ils aperçoivent ces vérités de la vraie philosophie de l'Emancipation pour les-

quelles ils versent leur sang ; et c'est seulement à force de souffrance que leurs yeux
sont en train de se dessiller peu à peu.

Le mot démocratie a ainsi donné lieu à
tant de confusions et de malentendus qu'il
semblerait parfois souhaitable de trouver un
mot nouveau pour désigner l'idéal d'une
communauté d'hommes libres. Mais ce ne
sont pas les philosophes, c'est l'usage des
hommes et la conscience commune qui
fixent l'emploi des mots dans l'ordre pratique. Et ce qui importe avant tout, c'est de
retrouver la valeur intelligible authentique
des mots chargés de grands espoirs humains,
et le ton avec lequel une conviction fondée
sur la vérité les prononce. Disons que la
philosophie politique dont j'ai essayé d'esquisser les traits, la philosophie politique
humaniste, et le régime dont je viens de
parler, un régime républicain conforme à
l'esprit de cette philosophie, et réalisant ses
exigences d'une façon proportionnée aux
conditions et aux possibilités de notre âge,
définissent selon nous la « nouvelle démocratie » qui se prépare au sein de la présente agonie.

Résumons les notes caractéristiques d'une saine société politique que nous avons rencontrées au cours de nos précédentes analyses : Bien commun reversé sur les personnes ; autorité politique dirigeant des hommes libres vers ce bien commun ; moralité intrinsèque du bien commun et de la vie politique. — Inspiration personnaliste, communautaire, et pluraliste de l'organisation sociale ; lien organique de la société civile avec la religion, sans contrainte religieuse ni cléricalisme, autrement dit société réellement, non décorativement chrétienne. — Le droit et la justice, l'amitié civique, et l'égalité qu'elle comporte, comme principes essentiels de la structure, de la vie et de la paix de la société. — Œuvre commune inspirée par l'idéal de liberté et de fraternité, tendant comme à sa limite supérieure à l'instauration d'une cité fraternelle où l'être humain soit affranchi de la servitude et de la misère.

Il serait facile de montrer que tous ces caractères d'une saine société politique sont niés ou méconnus, de points de vue opposés, à la fois par l'ancien individualisme bourgeois et par les totalitarismes d'aujourd'hui, dont la pire forme est le racisme nazi. C'est bien quelque chose de neuf que les hommes auront à construire après cette guerre, au milieu des ruines, si l'intelligence, la bonne volonté et les énergies créatrices prévalent en eux.

Animalité et Personnalité

Avant de passer à des considérations plus particulières, je voudrais encore noter que si une saine conception politique dépend avant tout de la considération de la personne humaine, elle doit en même temps tenir compte du fait que cette personne est celle d'un animal doué de raison, et que la part de l'animalité est immense en une telle mixture. Le rôle des instincts, des sentiments, de l'irrationnel est plus grand encore dans la vie sociale et politique que dans la vie individuelle. Il suit de là qu'un travail d'éducation, apprivoisant l'irrationnel à la raison, et développant les vertus morales, doit s'accomplir incessamment dans le corps politique ; que celui-ci doit être en état de tension et de défense contre de perpétuelles menaces, internes et externes, de désintégration et de destruction ; que l'autorité, en dehors de sa fonction essentielle qui est de diriger des hommes libres vers le bien commun, doit exercer des fonctions subsidiaires, non seulement de sanction pénale à l'égard de ceux qui violent les lois de la cité, mais aussi de direction morale et d'entraînement à l'égard de ceux qui se comportent encore comme des mineurs ; et que bien des maux doivent être tolérés, ainsi que des sentiments collectifs et des instincts de groupe plus ou moins impurs, qu'on ne pourrait tenter d'abolir du dehors et juridiquement sans provoquer des maux plus grands.

D'autre part il est normal que dans la communauté politique les coutumes, les traditions établies, les instincts héréditairement développés, le capital d'expérience accumulé dans l'inconscient, coopèrent avec le jeu régulier des institutions pour orienter et stabiliser le travail de la conscience et de la raison, et dispenser les hommes des fluctuations et des égarements auxquels leur intelligence est exposée quand elle n'est pas enracinée dans des tendances solidement fixées. Il est naturel aussi que les grands changements et les grandes crises historiques s'accompagnent d'une explosion des forces irrationnelles. Sachant cela, certains révolutionnaires sont tentés de déclencher délibérément ces forces irrationnelles et les passions mauvaises pour disposer d'une suffisante énergie collective. La révolution nazie est allée jusqu'au bout dans cette voie, et compte pour aboutir à ses fins sur la puissance apparemment sans bornes du mal et de la corruption. C'est là faire le malheur des hommes et se laisser soi-même duper par le diable. Toute révolution féconde et créatrice s'accomplit en faisant appel à ce qu'il y a de meilleur dans l'homme et en soulevant les passions droites et les instincts généreux ; les forces perverses et la puissance des instincts mauvais s'y joignent d'elles-mêmes et bien vite, — il n'est pas nécessaire de les provoquer, mais de les combattre.

Enfin nous émergeons encore si peu de l'animalité, la part de la méchanceté, de la barbarie latente et de la perversion est si grande en nous qu'il est trop vrai de dire que les conditions historiques et l'état encore inférieur du développement de l'humanité rendent difficile à la vie sociale d'atteindre pleinement sa fin. Pour que l'idéal historique dont il était question dans le précédent chapitre se trouve réalisé, pour que la marche de l'humanité vers l'émancipation et l'unification atteigne son terme, ce n'est pas seulement bien des siècles, c'est toute l'étendue de l'histoire humaine qu'il faut prendre en considération. A chaque étape — sans parler des retours offensifs de la barbarie — c'est seulement une réalisation un peu meilleure, mais encore partielle et précaire, que nous pouvons espérer.

A l'égard des points que je viens d'indiquer, il apparaît qu'une philosophie politique fondée sur la réalité doit lutter à la fois contre deux erreurs opposées : d'une part un pseudo-idéalisme optimiste, qui va de Rousseau à Lénine, et qui nourrit les hommes de faux espoirs, en prétendant hâter et en dénaturant l'émancipation à laquelle ils aspirent, — d'autre part un pseudo-réalisme pessimiste qui va de Machiavel à Hitler, et qui courbe l'homme sous la violence, en ne retenant de lui que l'animalité qui l'asservit.

Le Droit Naturel

L'esquisse que nous avons tracée au cours de nos réflexions précédentes est très générale. Il faudrait discuter d'une façon plus approfondie certains points essentiels, concernant notamment l'égalité humaine, l'autorité dans une communauté d'hommes libres, l'organisation pluraliste.

Pour traiter d'une façon philosophique la question des droits de l'être humain, à laquelle le présent essai est consacré, il convient d'examiner d'abord la question de ce qu'on appelle le droit naturel. Il y a des personnes qui s'imaginent que le droit naturel est une invention de l'Indépendance Américaine et de la Révolution Française. Les réactionnaires de toutes catégories ont fait beaucoup pour propager cette sottise ; le malheur est que pour discréditer l'idée de droit naturel ils ont trouvé des alliés, d'une part dans le pessimisme de certains penseurs religieux de tradition luthérienne ou janséniste, d'autre part chez la plupart des juristes contemporains (surtout ceux de l'école positiviste), qui du reste s'attaquent à vrai dire à une fausse idée du droit naturel, et en exterminant celui-ci n'exterminent qu'un fantôme issu de quelques mauvais manuels.

L'idée du droit naturel est un héritage de la pensée chrétienne et de la pensée classique. Elle ne remonte pas à la philosophie du XVIII° siècle, qui l'a plus ou moins déformée, mais à Grotius, et avant lui à Suarez et à François de Vitoria ; et plus loin à saint Thomas d'Aquin ; et plus loin à saint Augustin et aux Pères de l'Eglise, et à saint Paul ; et plus loin encore à Cicéron, aux Stoïciens, aux grands moralistes de l'antiquité, et à ses grands poètes, à Sophocle en particulier. Antigone est l'héroïne éternelle du droit naturel, que les Anciens appelaient la *loi non écrite,* et c'est le nom qui lui convient le mieux.

N'ayant pas le temps de discuter des non-sens (qu'on trouve toujours des philosophes

très intelligents pour défendre brillam-
ment), je suppose que vous admettez qu'il
y a une nature humaine, et que cette nature
humaine est la même chez tous les hommes.
Je suppose que vous admettez aussi que
l'homme est un être doué d'intelligence, et
qui en tant que tel agit en comprenant ce
qu'il fait, et donc en ayant le pouvoir de
se déterminer lui-même aux fins qu'il pour-
suit. D'autre part, ayant une nature, étant
constitué de telle façon déterminée, l'homme a évidemment des fins qui répondent à
sa constitution naturelle et qui sont les
mêmes pour tous, — comme tous les pianos
par exemple, quel que soit leur type particulier et en quelque lieu qu'ils soient, ont
pour fin de produire des sons qui soient
justes. S'ils ne produisent pas des sons justes,
ils sont mauvais, il faut les réaccorder, ou
s'en débarrasser comme ne valant rien. Mais
puisque l'homme est doué d'intelligence et
se détermine à lui-même ses fins, c'est à
lui de s'accorder lui-même aux fins nécessairement exigées par sa nature. Cela veut
dire qu'il y a, en vertu même de la nature
humaine, *un ordre ou une disposition que la*

raison humaine peut découvrir et selon la-
quelle la volonté humaine doit agir pour
s'accorder aux fins nécessaires de l'être hu-
main. La loi non écrite ou le droit naturel
n'est pas autre chose que cela.

Les grands philosophes de l'antiquité savaient, les penseurs chrétiens savent mieux encore, que la nature dérive de Dieu, et que la loi non écrite dérive de la loi éternelle qui est la Sagesse créatrice elle-même. C'est pourquoi l'idée de la loi naturelle ou non écrite était liée chez eux à un sentiment de piété naturelle, à ce profond respect sacré inoubliablement exprimé par Antigone. Connaissant le principe réel de cette loi, la croyance en cette loi est plus ferme et plus inébranlable chez ceux qui croient en Dieu que chez les autres. De soi, cependant, il suffit de croire à la nature humaine et à la liberté de l'être humain pour être persuadé qu'il y a une loi non écrite, pour savoir que le droit naturel est quelque chose d'aussi réel dans l'ordre moral que les lois de la croissance et du vieillissement dans l'ordre physique.

La loi et la connaissance de la loi sont

deux choses différentes. L'homme qui ne connaît pas la loi (si cette ignorance elle-même ne provient pas de quelque faute) n'est pas responsable devant la loi. Et savoir qu'il y a une loi n'est pas nécessairement connaître ce qu'est cette loi. C'est par oubli de cette distinction si simple que bien des perplexités sont nées au sujet de la loi non écrite. Elle est écrite, dit-on, dans le cœur de l'homme. Oui, mais dans des profondeurs cachées, aussi cachées à nous que notre propre cœur. Cette métaphore elle-même a causé bien des dégâts, en amenant à se représenter la loi naturelle comme un code tout fait enroulé dans la conscience de chacun et que chacun n'a qu'à dérouler, et dont tous les hommes devraient avoir naturellement une égale connaissance.

La loi naturelle n'est pas une loi écrite. Les hommes la connaissent plus ou moins difficilement, et à des degrés divers, et en risquant l'erreur là comme ailleurs. La seule connaissance pratique que tous les hommes aient naturellement et infailliblement en commun, c'est qu'il faut faire le bien et éviter le mal. C'est là le préambule et le principe de la loi naturelle, ce n'est pas cette loi elle-même. La loi naturelle est l'ensemble des choses à faire et à ne pas faire qui suivent de là d'une manière *nécessaire* et *du seul fait que l'homme est homme,* en l'absence de toute autre considération. Que toutes les erreurs et toutes les aberrations soient possibles dans la détermination de ces choses, cela prouve seulement que notre vue est faible et que des accidents sans nombre peuvent corrompre notre jugement. Montaigne remarquait malicieusement que l'inceste et le larcin ont été tenus par certains peuples pour des actions vertueuses, Pascal s'en scandalisait, nous nous scandalisons que la cruauté, la dénonciation des parents, le mensonge pour le service du parti, le meurtre des vieillards ou des malades, soient tenus pour actions vertueuses par les jeunes gens éduqués selon les méthodes nazies. Tout cela ne prouve rien contre la loi naturelle, pas plus qu'une faute d'addition ne prouve quelque chose contre l'arithmétique, ou que les erreurs des primitifs, pour qui les étoiles étaient des trous dans la tente qui recouvrait le monde,

ne prouvent quelque chose contre l'astronomie.

La loi naturelle est une loi non écrite.
La connaissance que l'homme en a grandit
peu à peu avec les progrès de la conscience
morale. Celle-ci a d'abord été crépuscu-
laire.[1] Les ethnologues nous apprennent
dans quelles structures de vie tribale et au
sein de quelle magie de rêveur éveillé elle
s'est primitivement formée. Cela prouve
seulement que l'idée de loi naturelle,
d'abord immergée dans les rites et les
mythologies, ne s'est différenciée que tardivement, aussi tardivement que l'idée
même de nature ; et que la connaissance
que les hommes ont eue de la loi non écrite
a passé par plus de formes et d'états divers
que certains philosophes ou théologiens ne
l'ont cru. La connaissance que notre propre
conscience morale a de cette loi est sans
doute elle-même imparfaite encore, et il
est probable qu'elle se développera et s'affi-
nera tant que l'humanité durera. C'est
quand l'Evangile aura pénétré jusqu'au

1. Cf. Raïssa Maritain, *La Conscience Morale et l'Etat de
Nature,* New York, 1942.

fond de la substance humaine que le droit
naturel apparaîtra dans sa fleur et sa perfection.

La Loi Naturelle et les Droits humains

Il faut considérer maintenant que la loi
naturelle et la lumière de la conscience
morale en nous ne prescrivent pas seulement des choses à faire et à ne pas faire ;
elles reconnaissent aussi des droits, en particulier des droits liés à la nature même de
l'homme. La personne humaine a des
droits, par là même qu'elle est une personne,
un tout maître de lui-même et de ses actes,
et qui par conséquent n'est pas seulement un
moyen, mais une fin, une fin qui doit être
traitée comme telle. La dignité de la personne humaine, ce mot ne veut rien dire
s'il ne signifie pas que de par la loi naturelle la personne humaine a le droit d'être
respectée et est sujet de droit, possède des
droits. Il y a des choses qui sont dues à
l'homme par là même qu'il est homme. La
notion de droit et la notion d'obligation
morale sont corrélatives, elles reposent

toutes deux sur la liberté propre aux agents spirituels : si l'homme est moralement obligé aux choses nécessaires à l'accomplissement de sa destinée, c'est qu'il a le droit d'accomplir sa destinée ; et s'il a le droit d'accomplir sa destinée, il a droit aux choses nécessaires pour cela. La notion de droit est même plus profonde que celle d'obligation morale, car Dieu a un droit souverain sur les créatures et il n'a pas d'obligation morale envers elles (encore qu'il se doive à lui-même de leur donner ce qui est requis par leur nature.)

La vraie philosophie des droits de la personne humaine repose donc sur l'idée de la loi naturelle. La même loi naturelle qui nous prescrit nos devoirs les plus fondamentaux, et en vertu de laquelle toute loi oblige, c'est elle aussi qui nous assigne nos droits fondamentaux. C'est parce que nous sommes engagés dans l'ordre universel, dans les lois et les régulations du cosmos et de l'immense famille des natures créées (et en définitive dans l'ordre de la sagesse créatrice), et c'est parce qu'en même temps nous avons là le privilège d'être des esprits, que nous possédons des droits en face des autres hommes et de toute l'assemblée des créatures. En dernière analyse, comme toute créature n'agit que dans la vertu de son Principe, qui est l'Acte pur ; comme toute autorité digne de ce nom, c'est-à-dire juste, n'oblige en conscience que dans la vertu du Principe des êtres, qui est la Sagesse pure ; de même tout droit possédé par l'homme n'est possédé que dans la vertu du droit possédé par Dieu, qui est la Justice pure, à voir l'ordre de sa sagesse dans les êtres respecté, obéi et aimé de toute intelligence.

Une autre philosophie, toute contraire, a tenté de fonder les droits de la personne humaine sur la prétention que l'homme n'est soumis à aucune loi, sinon à celle de sa volonté et de sa liberté, et qu'il ne doit « obéir qu'à lui-même », comme disait Jean-Jacques Rousseau, parce que toute mesure ou régulation provenant du monde de la nature (et en définitive de la sagesse créatrice) ferait périr à la fois et son autonomie et sa dignité. Cette philosophie n'a pas fondé les droits de la personne humaine, parce qu'on ne fonde rien sur l'illusion ; elle a compromis et dissipé ces droits, parce qu'elle a amené les hommes à les concevoir comme des droits proprement divins, donc infinis, échappant à toute mesure objective, refusant toute limitation imposée aux revendications du moi, et exprimant en définitive l'indépendance absolue du sujet humain et un soi-disant droit absolu, attaché à tout ce qui est en lui, du seul fait qu'il est en lui, de se déployer contre tout le reste des êtres. Quand les hommes ainsi instruits se sont heurtés de toutes parts à l'impossible, ils ont cru à la faillite des droits de la personne humaine. Les uns se sont retournés contre ces droits avec une fureur esclavagiste ; les autres ont continué de les invoquer, mais en souffrant à leur égard, dans l'intime de leur conscience, une tentation de scepticisme qui est un des symptômes les plus alarmants de la crise présente. C'est une sorte de révolution intellectuelle et morale qui nous est demandée, pour rétablir dans une philosophie vraie notre foi en la dignité de l'homme et en ses droits, et pour retrouver les sources authentiques de cette foi.

La conscience de la dignité de la personne et des droits de la personne est restée implicite dans l'antiquité païenne, sur laquelle la loi de l'esclavage étendait son ombre. C'est le message évangélique qui, soudain, a éveillé cette conscience à elle-même, sous une forme divine et transcendante, en révélant aux hommes qu'ils sont appelés à être fils et héritiers de Dieu, dans le royaume de Dieu. Sous l'impulsion évangélique, le même éveil devait se répandre peu à peu, en ce qui regarde les exigences du droit naturel lui-même, dans le domaine de la vie de l'homme ici-bas, et de la cité terrestre.

Droit Naturel, Droit des Gens, Droit Positif

Il convient de rappeler ici la distinction classique, centrale pour la tradition civilisée, entre le droit naturel, le droit des gens et le droit positif. Comme je l'indiquais tout à l'heure, le *droit naturel* concerne les droits et les devoirs qui suivent du premier principe : faire le bien et éviter le mal, d'une manière *nécessaire* et *du seul fait que l'homme est homme,* en l'absence de toute autre considération. C'est pourquoi les préceptes de la loi non écrite sont de soi ou dans la nature des choses (je ne dis pas dans la connaissance que l'homme en a) universels et invariables.

Le *droit des gens* est difficile à définir exactement, au moins pour les juristes, parce qu'il est intermédiaire entre la loi naturelle et la loi positive. La notion de *common law* s'est développée en Angleterre à peu près de la même manière que la notion de droit des gens, *jus gentium,* s'était développée à Rome. Bien que ces deux notions soient fort différentes pour l'historien et pour le juriste, le philosophe, cependant, est fondé à les rapprocher pour en dégager la notion de la loi naturelle ou non écrite elle-même en tant que passant au delà de la sphère même de la nature et particularisée par les conditions de la vie sociale. Cette définition une fois établie, le terme *common law,* privé de sa signification spécifiquement anglaise, et le terme *droit des gens,* privé de sa signification spécifiquement romaine, peuvent être pris comme synonymes. Les penseurs chrétiens du moyen âge ont élaboré avec soin la notion de droit des gens. Le droit des gens, ou la loi commune de la civilisation, concerne, comme le droit naturel, les droits et les devoirs qui suivent du premier principe d'une manière *nécessaire,* mais cette fois *à supposer* certaines conditions de fait, comme par exemple l'état de société civile ou les relations entre peuples. Il est donc universel, lui aussi, du moins pour autant que ces conditions de fait sont des données universelles de la vie civilisée.

Le *droit positif,* ou l'ensemble des lois en vigueur dans une cité donnée, concerne les droits et les devoirs qui suivent du premier principe mais d'une façon *contingente,* à raison des déterminations posées par la raison et la volonté de l'homme établissant les lois ou donnant naissance aux coutumes d'une communauté particulière.

Mais c'est dans la vertu du droit naturel que le droit des gens et le droit positif ont force de loi et s'imposent à la conscience. Ils sont un prolongement ou une extension de la loi naturelle passant dans des zones objectives que la seule constitution intrinsèque de la nature humaine suffit de moins en moins à déterminer. Car c'est *la loi naturelle elle-même qui demande que ce qu'elle laisse elle-même indéterminé soit ultérieurement déterminé,* soit comme un droit ou un devoir existant pour tous les hommes à raison d'un état de fait donné, soit comme un droit ou un devoir existant pour certains à raison des régulations humaines propres à la communauté dont ils font partie. Il y a ainsi des transitions insensibles (du moins au regard de l'expérience historique) entre le droit naturel, le droit des gens et le droit positif, il y a un dynamisme qui pousse la loi non écrite à s'épanouir dans la loi humaine, et à la rendre progressivement plus parfaite et plus juste dans le champ même de ses déterminations contingentes. C'est selon ce dynamisme que les droits de la personne humaine prennent forme politique et sociale dans la communauté.

Le droit de l'homme à l'existence, à la liberté personnelle et à la poursuite de la perfection de la vie morale, relève par exemple du droit naturel strictement dit. Le droit à la propriété privée des biens matériels, enraciné dans le droit naturel,[1] relève du droit des gens, ou de la loi commune de la civilisation, pour autant que le droit d'appropriation privée des moyens de production suppose les conditions normalement requises pour le travail humain et pour son aménagement (lequel varie du reste selon les formes de société et l'état d'évolution de l'économie) ; et les modalités particulières de ce droit sont déterminées par la loi positive. La liberté pour les nations de vivre exemptes du joug du besoin ou de la misère (« freedom from want »), et la liberté pour elles de vivre exemptes du

---

1. Cf. notre ouvrage *Du Régime Temporel et de la Liberté,* Annexe I. — Le droit à la propriété privée des biens matériels se réfère à la personne humaine comme une extension de celle-ci, car engagée dans la matière et sans protection naturelle de son existence et de sa liberté elle a besoin du pouvoir d'acquérir et de posséder pour suppléer à cette protection que la nature ne lui fournit pas. D'autre part l'usage de la propriété privée doit toujours être tel qu'en une manière ou une autre il serve au bien commun et soit profitable à tous, car c'est d'abord à l'Homme, à l'espèce humaine en général, que les biens matériels sont députés par nature.

joug de la crainte ou de la terreur (« freedom from fear »), telles que le Président
Roosevelt les a définies dans ses Quatre
Points,[1] correspondent à des vœux du droit
des gens qui demandent à être accomplis
par la loi positive et par une organisation
économique et politique du monde civilisé.
Le droit de suffrage reconnu à chacun dans
l'élection des dirigeants de l'Etat relève
du droit positif.

Les Droits de la Personne humaine

Après ces explications philosophiques
au sujet du droit naturel, je voudrais insister sur les droits de la personne humaine
et compléter ainsi les considérations pro-
posées dans le précédent chapitre sur la
personne dans ses relations avec la société
politique, où la personne humaine tout en-

---

1. « 1) Freedom of speech and expression everywhere in the
world. 2) Freedom of every person to worship God in his own
way everywhere in the world. 3) Freedom from want which,
translated into world terms, means economic understanding
which will secure to every nation a healthy peace-time life
for its inhabitants everywhere in the world. 4) Freedom from
fear which, translated into world terms, means a world-wide
reduction of armaments to such a point and in such a thorough
fashion that no nation will be in a position to commit an act
of physical aggression against any neighbor anywhere. »

tière est engagée comme partie, en tant que
citoyen, et que la personne humaine tout
entière transcende cependant en raison des
valeurs absolues auxquelles elle se rapporte
et en raison de ce qui intéresse en elle une
destinée supérieure au temps.

Nous l'avons déjà remarqué, c'est d'abord
dans l'ordre religieux, et par la soudaine
irruption du message évangélique, que cette
transcendante dignité de la personne humaine a été rendue manifeste. Mais de là
la conscience de cette dignité a gagné peu
à peu la sphère de l'ordre naturel lui-même,
en pénétrant et renouvelant notre conscience
de la loi de nature et du droit naturel.

Quand les apôtres répondaient au San-
hédrin, qui voulait les empêcher de prêcher
le nom de Jésus : « Il est meilleur pour
nous d'obéir à Dieu qu'aux hommes, » ils
affirmaient à la fois la liberté de la parole
de Dieu et la transcendance de la personne
humaine sauvée et rachetée par lui, et appelée par la grâce à l'adoption divine ;
mais implicitement et du même coup ils
affirmaient aussi la transcendance de la
personne humaine dans l'ordre naturel lui-

même, en tant qu'elle est une totalité spirituelle faite pour l'absolu.

La transcendance de la personne, qui apparaît de la façon la plus manifeste dans les perspectives de la foi et de la rédemption, s'affirme ainsi d'abord dans les perspectives philosophiques et concerne premièrement l'ordre de la nature. Cela est, au surplus, en complet accord avec la théologie chrétienne, qui enseigne que la grâce achève la nature et ne la détruit pas. Il importe d'insister sur ce fait que déjà dans l'ordre naturel lui-même la personne humaine transcende l'Etat, pour autant que l'homme a une destinée supérieure au temps et met en jeu ce qui intéresse en lui cette destinée.

Cela apparaît en premier lieu dans les aspirations naturelles de l'homme à la vie spirituelle. Aristote et les sages de l'antiquité savaient que les vertus morales sont ordonnées à une contemplation de la vérité qui transcende l'inter-communication politique. Il suit de là que si l'humanité était dans ce que les théologiens appellent l'état de pure nature, un royaume des esprits apparenté à celui dont Leibniz aimait à parler aurait normalement pris place au dessus de la vie politique. Il nous est loisible de voir dans le réseau spirituel qui réunit de par le monde les artistes, les savants, les poètes, les vrais humanistes, tous ceux qui chérissent les œuvres de la pensée, les vagues linéaments d'un tel royaume naturel des esprits ; un tel réseau est comme l'ébauche d'une seule famille au dessus des frontières nationales. C'est seulement une ébauche, il est vrai, et le royaume leibnizien des esprits est seulement une hypothèse pour un monde possible, parce qu'en réalité c'est par la grâce de Dieu qu'a été établi au dessus du royaume des empereurs, des rois et des parlements, un royaume meilleur, le royaume de Dieu, la grande cité du siècle à venir, dont, aux yeux des chrétiens, l'Eglise est déjà la commencement sur terre. Il reste que ce royaume de la vie éternelle correspond, en vertu d'un don qui dépasse toutes le mesures de la nature, à une aspiration naturelle de l'esprit en nous.

Le fait que la personne humaine transcende naturellement l'Etat, pour autant qu'elle enveloppe une destinée supérieure au temps, peut être vérifié de beaucoup d'autres manières.

L'univers des vérités — de science, de sagesse et de poésie — vers lequel l'intelligence tend d'elle-même, relève, par nature, d'un domaine plus élevé que celui de la communauté politique. Le pouvoir de l'Etat et des intérêts sociaux ne peut pas s'exercer sur cet univers. (Bien qu'il puisse et doive s'opposer à la propagation dans le corps social d'erreurs qui menaceraient l'éthique fondamentale de la vie commune et les principes sur lesquels elle s'est constituée).[1] Nous le notions dans le chapitre précédent, l'Etat peut dans des circonstances définies demander à un mathématicien d'enseigner les mathématiques, à un philosophe d'enseigner la philosophie, — ce sont là des fonctions du corps social. Mais l'Etat ne peut pas obliger un philosophe ou un mathématicien à adopter une doctrine philosophique ou une doctrine mathématique,

---

1. Cf. Yves Simon, *Liberty and Authority,* dans « Proceedings of the American Catholic Philosophical Association », Sixteenth Annual Meeting, 1940, Catholic University of America, Washington, D. C.

parce que ces choses-là dépendent seulement et exclusivement de la vérité.

Le secret des cœurs et l'acte libre comme tel, l'univers des lois morales, le droit de la conscience à écouter Dieu et à faire son chemin vers lui, toutes ces choses, dans l'ordre naturel comme dans l'ordre surnaturel, ne peuvent pas être touchées par l'Etat ni tomber sous ses prises. Sans doute la loi oblige en conscience, mais c'est parce qu'elle n'est loi que si elle est juste et promulguée par l'autorité légitime, non parce que l'Etat ou la majorité seraient la règle de la conscience. Sans doute l'Etat a une fonction morale et non pas seulement matérielle ; la loi a une fonction pédagogique et tend à développer les vertus morales ; l'Etat a le droit de me punir si, ma conscience étant aveuglée, je commets en suivant ma conscience un acte en lui-même criminel ou délictueux. Mais en pareille circonstance l'Etat n'a pas l'autorité de me faire réformer le jugement de ma conscience, pas plus qu'il n'a le pouvoir d'imposer aux esprits son jugement sur le bien et le mal, ni de légiférer sur les choses di-

vines, ni d'imposer aucune croyance religieuse quelle qu'elle soit. Il le sait bien. Et
c'est pourquoi, chaque fois qu'il sort de ses
limites naturelles pour pénétrer, au nom
des revendications totalitaires, dans le sanc-
tuaire de la conscience, il s'efforce de violer
celui-ci par des moyens monstrueux d'em-
poisonnement psychologique, de mensonge
organisé et de terreur.

Chaque personne humaine a le droit de
se décider elle-même en ce qui regarde sa
destinée personnelle, qu'il s'agisse de choisir
son travail, ou de fonder un foyer, ou de
suivre une vocation religieuse. En cas d'ex-
trême péril et pour le salut de la communauté, l'Etat peut requérir par la force
le service de chacun de nous et demander à
chacun de nous d'exposer sa vie dans une
juste guerre ; il peut aussi priver de certains de leurs droits des individus criminels
(ou plutôt sanctionner le fait qu'ils s'en
sont eux-mêmes dépouillés), par exemple
des hommes jugés indignes d'exercer l'autorité paternelle. Mais il devient inique et
tyrannique s'il prétend fonder le fonctionnement de la vie civile sur le travail forcé,

ou s'il essaye de violer les droits de la famille afin de se rendre maître de l'âme des hommes. Car de même que l'homme est constitué personne, faite pour Dieu et pour une vie supérieure au temps, avant d'être constitué partie de la communauté politique, de même il est constitué partie de la société familiale avant d'être constitué partie de la société politique. La fin pour laquelle la famille existe est de produire et d'élever des personnes humaines et de les préparer à accomplir leur destinée totale. Et si l'Etat a lui aussi une fonction éducative, si l'éducation n'est pas en dehors de sa sphère, c'est pour aider la famille à accomplir sa mission et pour compléter celle-ci, non pour effacer de l'enfant sa vocation de personne humaine et pour la remplacer par celle d'outil vivant et de matière de l'Etat.

En définitive, les droits fondamentaux comme le droit à l'existence et à la vie, — le droit à la liberté personnelle ou droit de conduire sa vie comme maître de soi-même et de ses actes, responsable de ceux-ci devant Dieu et devant la loi de la cité, — le droit à la poursuite de la perfection de la vie humaine, morale et rationnelle,[1] — le droit à la poursuite du bien éternel (sans laquelle il n'est pas de vraie poursuite du bonheur), — le droit à l'intégrité corporelle, le droit à la propriété privée des biens matériels, qui est une sauvegarde des libertés de la personne, le droit de se marier selon son choix, et de fonder une famille elle-même assurée des libertés qui lui sont propres, le droit d'association, le respect de la dignité humaine en chacun, qu'il représente ou non une valeur économique pour la société, — tous ces droits sont enracinés dans la vocation de la personne, agent spirituel et libre, à l'ordre des valeurs absolues et à une destinée supérieure au temps. La Déclaration Française des Droits de l'Homme a présenté ceux-ci (en y portant pour autant l'équivoque) dans la perspective toute rationaliste de la philosophie des lumières et de l'Encyclopédie. La Déclaration Américaine, si marquée qu'y soit l'in-

---

1. C'est en cela avant tout que consiste la « pursuit of happiness » : la poursuite du bonheur ici-bas est la poursuite, non des avantages matériels, mais de la droiture morale, de la vigueur et perfection de l'âme, avec les conditions matérielles et sociales que cela implique.

fluence de Locke et de la « religion naturelle », était restée plus près du caractère
originellement chrétien des droits humains.

Faisant de la loi naturelle, non plus une
dérivation de la sagesse créatrice mais une
révélation de la raison à elle-même, le rationalisme des Encyclopédistes transformait
la loi naturelle en un code de justice absolue et universelle inscrit dans la nature et
déchiffré par la raison comme un ensemble
de théorèmes géométriques ou d'évidences
spéculatives ; et dans ce code de la nature il
absorbait toute loi, rendue désormais aussi
nécessaire et universelle que la nature elle-
même. C'est sans doute à cause de cette
fausse perspective rationaliste, mais c'est
aussi à cause de la corruption des principes
chrétiens dans la vie sociale et politique de
l'Ancien Régime que l'affirmation de droits
fondés pourtant en eux-mêmes sur les principes chrétiens est apparue comme révolutionnaire à l'égard de la tradition chrétienne. « Les *Pilgrim Fathers,* instaurant leurs
constitutions en Nouvelle Angleterre au
XVIIe siècle, étaient conscients de l'origine

chrétienne de ces droits. »[1] La conscience des droits de la personne a en réalité son origine dans la conception de l'homme et du droit naturel établie par des siècles de philosophie chrétienne.

Le premier de ces droits est celui de la personne humaine à cheminer vers sa destinée éternelle dans le chemin que sa conscience a reconnu comme le chemin tracé par Dieu. *Vis-à-vis de Dieu et de la vérité,* elle n'a pas le droit de choisir à son gré n'importe quel chemin, elle doit choisir le vrai chemin, pour autant qu'il est en son pouvoir de le connaître. Mais *vis-à-vis de l'Etat, de la communauté temporelle et du pouvoir temporel,* elle est libre de choisir sa voie religieuse à ses risques et périls,[2] sa liberté de conscience est un droit naturel inviolable.[3]

---

1. The Bishop of Chichester, *Christianity and World Order,* Penguin Books, 1940.

2. A supposer que cette voie religieuse soit tellement aberrante qu'elle conduise à des actes contraires à la loi naturelle et à la sécurité de l'Etat, celui-ci a le droit de porter des interdictions et des sanctions contre ces actes, il n'a pas autorité pour cela sur le domaine de la conscience.

3. C'est en ce sens qu'il faut entendre le droit que le Président Roosevelt désigne comme « the freedom of every person to worship God in his own way everywhere in the world. »

Je viens de parler du droit de la personne humaine à fonder une famille et des droits de la communauté familiale elle-même. Ici la personne n'est plus considérée comme personne individuelle, c'est en tant qu'elle est engagée dans un groupe que des droits particuliers lui sont reconnus, tout à la fois à elle et au groupe en question. Les droits de la famille, les droits de la personne comme père ou mère de famille relèvent du droit naturel strictement dit.

Il faut en dire autant des droits et libertés des familles spirituelles et religieuses, qui sont en même temps les droits et libertés de la personne dans l'ordre spirituel et religieux. Ces droits et libertés relèvent du droit naturel, sans parler du droit supérieur que l'Eglise invoque à raison de sa fondation divine.

Les Droits de la Personne civique

S'il s'agit maintenant des droits de la personne civique, autrement dit des droits politiques, ceux-ci relèvent directement de la loi positive et de la constitution fondamentale de la communauté politique. Et ils dépendent indirectement du droit naturel, non seulement parce que d'une façon générale, les régulations de la loi humaine accomplissent un vœu de la loi naturelle en achevant ce que la loi naturelle laisse indéterminé, mais encore parce que la manière dont s'accomplit cet achèvement est conforme, dans le cas des droits politiques, à une aspiration inscrite dans la nature de l'homme. Nous sommes ici en face de ce dynamisme dont je parlais tout à l'heure, en vertu duquel le droit positif tend à exprimer dans sa sphère propre des exigences qui à un niveau plus profond sont celles de la loi naturelle elle-même, en telle sorte que ces exigences s'épanouissent de mieux en mieux dans la sphère propre de la loi humaine. C'est par une convenance plus parfaite avec les demandes fondamentales de la loi naturelle que la loi humaine passe à des degrés plus élevés de justice et de perfection.

Le mot célèbre d'Aristote, que l'homme est un animal politique, ne signifie pas seulement que l'homme est naturellement fait pour vivre en société ; il signifie aussi que l'homme demande naturellement à mener une vie politique, et à participer activement à la vie de la communauté politique. C'est sur ce postulat de la nature humaine que reposent les libertés politiques et les droits politiques, et spécialement le droit de suffrage. Il est peut-être plus facile aux hommes de renoncer à participer activement à la vie politique, il a pu arriver que dans certains cas ils aient vécu plus insouciants et plus heureux en étant dans la cité comme des esclaves politiques ou en abandonnant passivement à leurs chefs tout le soin de diriger la vie de la communauté. Mais alors ils abandonnaient un privilège qui convient à leur nature, un de ces privilèges qui font en un sens la vie plus dure et apportent avec eux plus ou moins de labeur, de tension et de souffrance, mais qui correspondent à l'humaine dignité. Un état de civilisation où les hommes, en tant même que personnes individuelles, désignent par un libre choix les détenteurs de l'autorité, est de soi un état plus parfait. Car s'il est vrai que l'autorité politique a pour fonction essentielle de diriger des hommes libres vers le bien commun, il est normal que ces hommes libres choisissent eux-mêmes ceux qui ont la fonction de les diriger : c'est là la forme la plus élémentaire de la participation active à la vie politique. C'est pourquoi le suffrage universel, par lequel chaque personne humaine adulte a comme telle le droit de se prononcer sur les affaires de la communauté en exprimant son vote dans l'élection des représentants du peuple et des dirigeants de l'Etat, a une valeur politique et humaine tout à fait fondamentale, et est un de ces droits auxquels une communauté d'hommes libres ne saurait en aucun cas renoncer.

On voit en même temps que du fait même que chaque personne comme telle doit normalement pouvoir faire entendre sa pensée et sa volonté en matière politique, il est normal aussi que les membres de la société politique se groupent selon les affinités de leurs idées et de leurs aspirations en partis politiques ou en écoles politiques. On a dit beaucoup de mal des partis politiques, et ces reproches sont justifiés par tous les abus qui ont vicié leur fonctionnement, et qui ont paralysé et fait dégénérer la vie politique des démocraties européennes. Ces vices cependant ne sont pas essentiels à la notion même de ces groupements, dont la diversité correspond à la diversité naturelle des conceptions et des perspectives pratiques parmi les membres de la communauté politique. On a au surplus remarqué avec raison[1] que le régime d'un seul Parti instauré dans les Etats totalitaires, porte à son comble, loin d'y remédier, les vices et la tyrannie que les adversaires de la démocratie reprochent au régime des partis. Le régime totalitaire d'un seul Parti est la pire forme et la catastrophe du régime des partis. Ce qui est demandé à une nouvelle démocratie, ce n'est pas d'abolir les partis politiques, c'est de régler la constitution de l'Etat, des assemblées législatives et des organes de gouvernement de telle sorte que ceux-ci, tout en étant soumis au contrôle des assemblées dans les matières d'intérêt majeur, soient soustraits à la domination des

---

1. Cf. Yves Simon, *Thomism and Democracy,* dans « Conference on Science, Philosophy and Religion, » vol. II, New York.

partis. Ce problème n'est pas la quadrature
du cercle, et une telle refonte est parfaitement concevable dans une nouvelle démocratie.

C'est sur les droits de la personne civique,
de l'individu humain comme citoyen que
j'ai insisté avant tout. C'est là qu'est la racine d'une vraie démocratie politique.
D'autre part, comme je le remarquais tout
à l'heure, à propos de la famille, quand la
personne est considérée comme engagée
dans un groupe, les droits qui lui sont reconnus sont aussi et du même coup les droits
du groupe en question. Ici les droits de la
personne civique sont la même chose que
les droits du peuple. Le droit du peuple à
se donner la constitution et la forme de
gouvernement de son choix est le premier
et le plus fondamental des droits politiques.
C'est seulement aux exigences de la justice
et de la loi naturelle qu'il est soumis. Au
surplus, pour que ces droits du peuple soient
stablement garantis, la forme constitu-
tionnelle de l'Etat politique est-elle nécessaire. Tous les peuples civilisés ont eu une
constitution fondamentale, mais elle a été

souvent autrefois affaire de consentement et de tradition plus que d'institution juridique. Une constitution juridiquement formulée et instituée, de par la volonté du peuple décidant librement de vivre sous les formes politiques ainsi déterminées, répond à un progrès acquis dans la prise de conscience politique et dans l'organisation politique ; c'est là un trait caractéristique de toute vraie démocratie. La constitution établie par le peuple est le droit du peuple, comme les droits et libertés du citoyen sont le droit de la personne civique.

Il est d'autres droits de la personne civique, en particulier ceux que résument les trois égalités : égalité politique, assurant à chaque citoyen son statut, sa sécurité et ses libertés dans l'Etat ; égalité de tous devant la loi, impliquant un pouvoir judiciaire indépendant et assurant à chacun le droit de faire appel à la loi et de n'être réprimé que par elle s'il l'a enfreinte ; égale admissibilité de tous les citoyens aux emplois publics selon leur capacité et libre accès pour tous aux diverses professions, sans discrimination raciale ou sociale. Notons

110

ici que les prérogatives dont jouissent les citoyens d'un pays ont d'une façon générale rapport à leur statut proprement politique et à leur participation (par le droit de vote par exemple) à la direction de l'Etat. Pour le reste les droits de la personne civique sont le privilège de tout homme, citoyen ou étranger, qui par sa résidence en un pays respectueux du droit des gens est appelé au partage de la vie civilisée.[1]

Dans toutes les analyses qui précèdent je me suis borné à l'essentiel. Je voudrais seulement proposer encore deux remarques concernant le droit d'association et la liberté d'expression. Le droit d'association est un droit naturel qui prend forme politique en tant qu'il est sanctionné par l'Etat et soumis aux régulations de l'Etat concernant le bien commun (l'Etat a le droit d'interdire et de dissoudre — non pas arbitrairement, mais selon la décision des institutions juridiques appropriées, — une association de malfaiteurs ou une association d'ennemis du bien public.) Ce qu'on appelle la liberté d'expression serait à mon avis

---

1. Voir plus loin, page 138, Annexe.

mieux désigné par l'expression liberté de la recherche et de la discussion. Une telle liberté a une valeur proprement politique, parce qu'elle est nécessaire à l'effort commun pour accroître et répandre le vrai et le bien dans la communauté. La liberté de recherche est un droit naturel fondamental, car la nature même de l'homme est de chercher la vérité. La liberté de propager les idées qu'on croit vraies répond à une aspiration de la nature, mais comme la liberté d'association elle est soumise aux régulations du droit positif. Car il n'est pas vrai que toute pensée comme telle, et du seul fait qu'elle est née dans une intelligence humaine, a le droit d'être propagée dans la communauté politique. Celle-ci a le droit de s'opposer à la propagation du mensonge et de la calomnie ; aux activités qui ont pour but la dépravation des mœurs ; à celles qui ont pour but la destruction de l'Etat et des fondements de la vie commune. La censure et les mesures de police sont à mon avis le plus mauvais moyen — du moins en temps de paix — d'assurer cette répression, mais bien des moyens meilleurs sont possibles, sans parler de la pression spontanée de la conscience commune et de l'opinion publique, qui relève des mœurs et des coutumes quand elles sont fortement établies. En tout cas je suis persuadé qu'une société démocratique n'est pas nécessairement une société désarmée que les ennemis de la liberté peuvent tranquillement conduire à l'abattoir au nom de la liberté. Précisément parce qu'elle est une communauté d'hommes libres, elle doit se défendre avec une énergie particulière contre ceux qui refusent par principe et qui travaillent à détruire les fondements de la vie commune en un tel régime, qui sont la liberté et la coopération, le mutuel respect civique. Ce qui distingue en cette matière une société d'hommes libres d'une société despotique, c'est que cette restriction des libertés destructrices ne s'accomplit elle-même, dans une société d'hommes libres, qu'avec les garanties institutionnelles de la justice et du droit.

A mon avis ce problème de la défense effective de la liberté contre ceux qui se prévalent de la liberté pour la détruire ne peut être résolu convenablement que par une refonte de la société sur une base organique et pluraliste. Et cela suppose aussi qu'on a affaire à un régime fondé, non plus sur la fécondité de l'argent et des signes de la possession, mais sur la valeur et la finalité humaines du travail, où le conflit des classes introduit par l'économie capitaliste ait été surmonté avec cette économie elle-même, et qui ait à sa base les droits sociaux de la personne ouvrière comme les droits politiques de la personne civique.

Les Droits de la Personne ouvrière

Nous arrivons ainsi à une troisième catégorie de droits : les droits de la personne sociale, plus particulièrement de la personne ouvrière. D'une façon générale ce sont les droits de l'être humain dans ses fonctions sociales, économiques et culturelles, — droits des producteurs et des consommateurs, droits des techniciens, droits de ceux qui s'adonnent aux œuvres de l'esprit, — qu'un nouvel âge de civilisation aura à reconnaître et à définir. Mais c'est au sujet des droits de l'être humain comme engagé dans la fonction du travail que se posent les problèmes les plus urgents.

Progrès dans l'organisation et progrès dans la conscience, ces deux progrès sont simultanés. Je voudrais redire ici ce que j'ai déjà indiqué dans un autre ouvrage, le phénomène capital qui s'est produit à ce point de vue au XIX⁰ siècle est la *prise de conscience de soi* effectuée par la personne ouvrière et la communauté ouvrière. Tout en affectant la vie économique et l'ordre temporel, un tel gain est avant tout d'ordre spirituel et moral, et c'est ce qui fait son importance. C'est la prise de conscience d'une dignité humaine offensée et humiliée, et la prise de conscience de la mission du monde ouvrier dans l'histoire moderne. Elle signifie l'ascension vers la liberté et la personnalité, prises dans leur réalité intérieure et dans leur expression sociale, d'une communauté de personnes, de la communauté tout à la fois la plus proche des bases matérielles de la vie humaine et la plus sacrifiée, la communauté du travail manuel, la communauté des personnes humaines affectées à ce travail.

Bref, le gain historique dont nous parlons ici, c'est la prise de conscience de la dignité du travail et de la dignité ouvrière, de la dignité de la personne humaine dans le travailleur comme tel.

Notons en même temps une des conséquences de cette prise de conscience. Si le prolétariat demande à être traité comme une personne majeure, par là même il n'a pas à être secouru, *amélioré* ou sauvé par une autre classe sociale. C'est à lui, au contraire, et à son mouvement d'ascension historique, que revient le rôle principal dans la phase prochaine de l'évolution.[1] Ce n'est pas toutefois en se retranchant du reste de la communauté pour exercer une dictature de classe, comme le voulait le marxisme, que le peuple ouvrier et paysan sera en mesure de jouer ce rôle inspirateur et rénovateur. C'est en s'organisant et en s'éduquant lui-même, en prenant conscience de ses responsabilités dans la communauté, et en unissant à son œuvre tous les éléments, à quelque classe qu'ils appartiennent, décidés

---

1. Cf. *Humanisme Intégral*, pp. 248-250.

116

à travailler avec lui pour la liberté humaine.

Du même coup nous apercevons mieux comment les droits du travail se sont dégagés pour la conscience commune et continuent de prendre forme. C'est d'abord le droit au juste salaire, car le travail de l'homme n'est pas une marchandise soumise à la simple loi de l'offre et de la demande, le salaire qu'il rapporte doit pouvoir faire vivre l'ouvrier et sa famille à un standard de vie suffisamment humain, par rapport aux conditions normales d'une société donnée. D'autres droits seront sans doute reconnus au travail par la loi humaine à mesure que le régime économique se transformera. Il y a lieu de penser que dans les types d'entreprise où cela sera possible, un sytème de co-propriété et de cogestion ouvrière remplacera le système du salariat, et qu'avec les progrès de l'organisation économique un nouveau droit se dégagera pour l'ouvrier techniquement et socialement qualifié : le droit à ce qu'on peut appeler le *titre de travail,* assurant l'homme que son emploi est bien à lui, rattaché à sa personne par un lien juridique, et que son activité opérative pourra y progresser. Soyons bien assurés qu'après la présente guerre, qui représente une crise révolutionnaire mondiale, les conditions sociales et économiques de la vie humaine, le régime de la propriété et le régime de la production seront profondément et irrévocablement changés, et que les privilèges actuels de la richesse feront place en tout cas à un nouveau système de vie, meilleur ou pire selon que l'esprit personnaliste ou l'esprit totalitaire en sera le principe animateur. La difficulté pour la pensée est d'être aussi hardie pour comprendre, que l'événement pour frapper.

Mais revenons à notre propos, qui est la considération des droits de la personne ouvrière. Les droits de l'ouvrier comme individu sont liés aux droits du groupe ouvrier, des syndicats et des autres groupes professionnels, et le premier de ces droits est la liberté syndicale. La liberté syndicale, — la liberté des travailleurs de se grouper dans des syndicats de leur choix, l'autonomie des syndicats eux-mêmes, libres de se fédérer comme ils l'entendent sans que l'Etat puisse les unifier de force ou les enrégimenter, leur liberté d'user des armes naturelles que la loi leur reconnaît, en particulier du droit de grève (tant que le salut public n'est pas en danger,) — relève du droit naturel d'association sanctionné par le droit positif, et elle est la condition normale du mouvement de transformation d'où une nouvelle organisation économique sortira.

En tout cela ce qui est à l'œuvre, c'est ce sens de la dignité ouvrière dont il était question plus haut, le sentiment des droits de la personne humaine dans le travailleur, au nom desquels celui-ci se tient devant celui qui l'emploie dans des relations de justice et comme une personne majeure, non comme un enfant ou comme un serviteur. Il y a là une donnée essentielle, qui dépasse de très loin tout problème de pure technique économique et sociale, car c'est une donnée *morale,* intéressant l'homme dans ses profondeurs spirituelles. Si elle n'était pas bâtie sur ce fondement des droits et de la dignité de la personne ouvrière,

119

l'organisation syndicale ou coopérative risquerait à son tour de tourner à la tyrannie.

En ce qui concerne les événements d'aujourd'hui, il faut noter qu'au milieu des ruines accumulées par la guerre, un phénomène nouveau se produit, notamment en Angleterre et parmi les Français qui en France et hors de France continuent de lutter pour la liberté. Il semble que bien des socialistes et bien des chrétiens sont en train de réviser et de renouveler leurs conceptions sociales, et en même temps de se rapprocher les uns des autres. Chacun a ici à se mettre en garde contre certaines tentations qui viennent des habitudes de pensée d'autrefois.

La tentation qui vient des anciennes conceptions socialistes est celle d'accorder la primauté à la technique économique, et du même coup de tendre à tout remettre à l'autorité de l'Etat, Administrateur du bien-être de tous, et à sa machinerie scientifique et bureaucratique : ce qui va de soi, quoi qu'on veuille, dans le sens d'un totalitarisme à base technocratique. Ce n'est pas cette sorte de rationalisme de l'organisation mathématique, c'est une sagesse pratique et expérimentale attentive aux fins et moyens humains qui devrait inspirer l'œuvre de reconstruction. La notion d'économie planée devrait ainsi faire place à une notion nouvelle, fondée sur l'ajustement progressif dû à l'activité et à la tension réciproque des organes autonomes groupant à partir de la base les producteurs et les consommateurs ; mieux vaudrait dire alors économie ajustée plutôt qu'économie planée. De même la notion de collectivisation devrait faire place à celle de propriété sociétaire des moyens de production, ou de copropriété de l'entreprise. A part certains secteurs d'intérêt tout à fait général, dont la transformation en services publics est normale, c'est un régime sociétaire, substituant autant que possible la copropriété au salariat, qui dans une telle conception, et en ce qui concerne surtout le plan industriel, devrait succéder au régime capitaliste ; le personnel ouvrier participerait ainsi à la gestion de l'entreprise, pour laquelle, par ailleurs, les progrès techniques

modernes permettent d'espérer une certaine
décentralisation. Quand nous parlons de la
forme sociétaire de la propriété industrielle, il s'agit d'une *société de personnes*
(techniciens de la direction, ouvriers, bail-
leurs de fonds) entièrement différente des
sociétés de capitaux auxquelles, dans les
conditions du régime actuel, la notion de
copropriété pourrait faire songer ; et il
s'agit d'une société de personnes où la co-
propriété de l'entreprise privée, engagée
elle-même dans une « communauté de travail » organisée, serait la garantie du « titre
de travail » dont il était question plus haut,
et aurait pour fruit la constitution et le développement d'un patrimoine commun.[1]

La tentation qui vient des anciennes conceptions autrefois en faveur dans certains
cercles chrétiens est la tentation de pater-
nalisme, qui tend à faire dépendre l'amélioration du sort de la classe ouvrière des

---

1. Cf. *Humanisme Intégral*, pp. 200-201. — Sur le plan de
la production agricole d'autres questions se posent. Quelque
part que l'industrialisation soit amenée à y jouer, cette part
devrait rester secondaire. Dans le statut à envisager là, la
propriété privée des moyens de production devrait rester cen-
trée sur l'économie familiale, au bénéfice de laquelle l'organisation coopérative et le machinisme lui-même devraient être
tournés.

initiatives du patronat, et de son autorité de père de famille conscient de ses devoirs envers ses enfants. Une telle conception tend à traiter l'ouvrier comme un mineur, et s'oppose de la façon la plus radicale à cette conscience de la dignité sociale et des droits de la personne ouvrière sur laquelle nous avons tant insisté. Une autre tentation est celle du corporatisme regardé comme un moyen d'abolir la lutte des classes sans sortir des cadres de l'économie capitaliste. Ceux qui cèdent à cette tentation sont entraînés du côté d'un corporatisme d'Etat tout à fait opposé aux principes catholiques et qui lui-même, quoi qu'on veuille, ouvre la voie au fascisme, à un totalitarisme politique appliqué à conserver aux classes dites possédantes, non pas leur liberté ni même leurs possessions, mais au moins leurs privilèges d'autorité. La notion de corporation, ou plutôt de corps professionnel, telle qu'elle est présentée par le Pape Pie XI dans une de ses encycliques, est en elle-même tout à fait indemne de ces connotations. Mais le mot même de corporation a été tellement déformé et corrompu par l'usage qu'en ont fait les Etats fascistes, qui l'ont rendu synonyme d'organe de l'Etat, au service des intérêts totalitaires, qu'il convient de le remplacer par un autre mot, par exemple celui de communauté de travail ou de groupe de production. Et ce qui est essentiel en tout cas, c'est de comprendre que toute organisation de l'économie sur un principe structural et coopératif doit être conçue comme s'établissant de bas en haut, selon les principes de la démocratie personnaliste, avec suffrage et participation personnelle active de tous les intéressés à la base, et comme émanant d'eux et de leurs unions. Contre toute dictature d'un Etat corporatiste, paternaliste ou collectiviste, la liberté des groupes et des associations de rang inférieur à l'Etat, leur qualité de personne morale institutionnellement reconnue et même un certain pouvoir de juridiction accordé à chacun dans ses limites propres, doivent être regardés comme une donnée primordiale du passage à un régime authentiquement humaniste.

Qu'ils se rattachent aux écoles socialistes ou aux écoles chrétiennes, bien des hommes de bonne volonté, instruits par l'épouvantable épreuve, sont en train de rejeter de leur esprit les préjugés et les tentations dont je viens de parler. De nouvelles conceptions doivent dès lors s'élaborer. Nous croyons qu'elles auront à soumettre à une critique sévère la notion classique de la souveraineté de l'Etat, non seulement dans l'ordre international, où les Etats, pour entrer dans une fédération de peuples libres devront renoncer aux privilèges d'une souveraineté absolue, mais aussi dans l'ordre national lui-même, où à l'égard de ce domaine particulier qu'est le domaine économique, à l'égard notamment d'une organisation économique et sociale fondée sur la liberté des personnes et des groupes, l'Etat a une simple fonction de coordination et de contrôle. Une vérité fondamentale doit être ici sauvegardée, celle de la distinction entre l'ordre politique et l'ordre économique, entre la structure politique de l'Etat et l'organisation économique de la société. L'idée d'un Etat économique est une monstruosité. Les groupes économiques et professionnels,

125

avec les structures hiérarchisées qu'ils comportent, doivent être regardés comme des
organes de la communauté civile, non
comme des organes de l'Etat. La vie et l'organisation politiques de l'Etat concernent
la vie commune des personnes humaines et
leur direction vers une œuvre commune,
qui suppose la force, la paix et l'harmonie
du corps social, et qui doit tendre comme à
son idéal suprême à la conquête de la
liberté, et à l'instauration d'une cité fraternelle ; elles sont d'un ordre supérieur à la
vie et à l'organisation des groupes économiques. L'organisation politique de l'Etat
implique à sa base, comme nous l'indi-
quions dans la précédente section, la reconnaissance des droits de la personne humaine
à la vie politique. Elle doit reposer sur les
droits et libertés politiques des citoyens.
La vie politique de l'Etat doit exprimer la
pensée et la volonté des citoyens à l'égard
du bien commun et de l'œuvre commune,
qui sont d'un ordre, non seulement matériel,
mais principalement moral et proprement
humain. Il est normal que les groupes, les
syndicats, les institutions économiques, les

corps professionnels, aient les moyens réguliers de faire entendre leur avis à ce sujet, autrement dit de jouer un rôle *consultatif*. Ce n'est pas à eux de conduire la vie politique ni de constituer la structure politique de la nation.

Par opposition au principe totalitaire et à toutes les perversions qu'il entraîne, les nouvelles conceptions dont je parle auront à mettre en lumière la valeur fondamentale du principe *pluraliste*. Ce principe s'étend à tout le champ de la vie sociale et politique ; c'est de lui qu'on peut attendre en particulier une solution raisonnable du problème de l'école et du problème de la cohabitation harmonieuse des diverses familles spirituelles, avec leurs conceptions morales spécifiques, au sein de la communauté temporelle. Dans l'ordre économique il ne fonde pas seulement cette autonomie des groupes et des associations dont il était question à l'instant, mais aussi la diversité de régime ou d'organisation qui convient aux différentes structures typiques de la vie économique, en particulier aux structures de l'économie industrielle et à celles de l'économie agricole.

A quoi répond enfin l'esquisse que nous venons de tracer — trop imparfaitement — des droits de la personne ouvrière et des droits des groupes et communautés où elle est engagée, sinon à l'idée d'une évolution démocratique des conditions du travail, non pas calquée sur les méthodes de conflit dialectique et d'irresponsabilité paralysante d'avant la guerre, mais inspirée des idées directrices d'une nouvelle démocratie, organique et pluraliste ? Pour achever cette étude il convient de revenir, afin de l'examiner de plus près, sur un des droits fondamentaux mentionnés dans ce chapitre, le droit de chaque être humain à la liberté personnelle, ou droit de conduire sa propre vie comme maître de lui-même, responsable devant Dieu et devant la loi de la cité. Un tel droit est un droit naturel, mais il concerne si profondément les aspirations radicales de la personne et le dynamisme qu'elles entraînent que ce n'est pas trop de toute l'histoire humaine pour qu'il puisse se dé-

ployer complètement. Il implique la con-
damnation de l'esclavage et du travail forcé,
en particulier selon que le droit à la liberté
personnelle prend la forme plus spéciale
de ce droit à choisir librement son travail[1]
qui correspond à l'obligation pour chacun
de prendre sa part des fardeaux de la communauté. Cependant les plus grands penseurs de l'antiquité n'avaient pas songé à
condamner l'esclavage, et les théologiens
médiévaux ne considéraient comme absolument contraire au droit naturel que l'esclavage sous sa forme absolue, où le corps et la
vie de l'esclave et ses biens humains pri-
mordiaux, comme la liberté du mariage,
sont à la merci du maître.

C'est que deux facteurs, — d'une part les
conditions matérielles et techniques du
travail ici-bas, d'autre part les obstacles
soufferts par les énergies spirituelles dans
la vie collective, — contrarient douloureu-
sement, et à la façon d'un châtiment, le
développement normal du droit fondamental en question. Celui-ci n'est pas seulement opposé à l'esclavage proprement dit,

---

1. Cf. plus haut, p. 99.

il comporte aussi une aspiration ou un vœu opposé à la servitude entendue dans son sens le plus général, c'est-à-dire à cette forme d'autorité de l'homme sur l'homme dans laquelle celui qui est dirigé n'est pas dirigé vers le *bien commun* par le chef chargé de cet office, mais est au service du *bien particulier* de celui qui le dirige, aliénant ainsi son activité et cédant à un autre le bien (le fruit de son activité) qui devrait être sien, autrement dit devenant pour autant l'organe d'une autre personne. Et il est bien clair que la servitude ainsi entendue peut prendre d'autres formes que celle de l'esclavage proprement dit, par exemple la forme du servage ou celle du prolétariat, et bien d'autres formes encore. Ces diverses formes de la servitude, liées aux conditions du travail humain, n'ont été, ne sont et ne seront éliminées que progressivement, à mesure que les techniques de la production et de la vie sociale se perfectionnent et que les énergies spirituelles se libèrent dans la vie collective. Les changements techniques introduits par la machine dans l'économie moderne peuvent jouer ici un rôle plus important et plus décisif qu'autrefois la sub-stitution de la traction animale à la traction humaine. Si la raison de l'homme est assez forte pour surmonter la formidable crise provoquée dans l'histoire humaine par la puissance démesurée des techniques du machinisme, elle pourra en faire sortir un nouvel affranchissement, un régime meil-leur qui marquera la fin de certaines formes de servitude, mais ce régime nouveau restera loin encore de délivrer le travail humain de toute forme de servitude.

A l'égard du droit naturel, la servitude absolue apparaît ainsi comme contraire au droit naturel pris dans ses exigences pre-mières, et les autres formes de servitude plus ou moins atténuées comme contraires au droit naturel pris dans des exigences ou des vœux plus ou moins secondaires et dans le dynamisme qu'il enveloppe. Ce dynamisme ne sera pleinement satisfait que lorsque toute forme de servitude aura disparu, — sous les « cieux nouveaux » de la résurrec-tion.

En attendant, non seulement tout progrès dans la diminution de la servitude doit être regardé comme conforme au droit naturel, mais les hommes que leurs conditions de travail laissent encore engagés dans une forme quelconque de servitude doivent avoir un moyen compensateur de protéger leurs droits de personnes humaines. C'est là une des fonctions de l'organisation ouvrière en régime capitaliste. Quelle que soit la forme du régime nouveau, cette fonction devra continuer à s'exercer, en particulier dans les secteurs économiques où le système du salariat sera encore en vigueur. Dans un système d'économie organique il se peut, au surplus, que les individus qui pour une raison ou une autre resteront en dehors des unions syndicales et des communautés de travail, ou ne pourront avoir accès aux garanties et aux avantages offerts par elles, constituent une masse exposée au paupérisme. Il faudra qu'ils reçoivent assistance et protection, et s'organisent pour défendre leur droit au travail.

Enfin la loi qui porte le travail humain à s'affranchir de la servitude n'est pas la seule à considérer. L'émancipation des misères physiques de la vie humaine correspond à d'autres droits de la personne sociale, que les multiples formes d'assistance sociale et l'organisation de la sécurité pour les vieillards sont destinées à garantir, — et garantiront sans doute mieux si ces institutions sont de type pluraliste (réduisant, n'excluant pas le rôle de l'Etat) que si elles sont de type étatique. Et un droit plus profond encore réclame que tous, en tant que cohéritiers du bien commun, aient gratuitement part aux bien élémentaires, matériels et spirituels, de la civilisation, dans la mesure où la communauté et ses groupes organiques peuvent en donner *pour rien*[1] l'usage aux personnes humaines qui la constituent, les aidant ainsi à s'affranchir des nécessités de la matière et à avancer dans la vie de la raison et des vertus.

Ainsi donc ce chapitre se termine sur les mêmes considérations que le précédent chapitre. Le progrès contrarié de l'humanité va dans le sens de l'émancipation humaine, non seulement dans l'ordre politique, mais aussi dans l'ordre économique et social, en telle sorte que les diverses formes de

---

1. Cf. *Humanisme Intégral*, p. 206.

servitude, par lesquelles un homme est au service d'un autre homme pour le bien particulier de celui-ci, et comme un organe de celui-ci, soient peu à peu abolies à mesure que l'histoire humaine approche de son terme. Ce qui suppose non seulement le passage à des états d'organisation meilleurs, mais aussi le passage à une conscience meilleure de la dignité de la personne humaine en chacun de nous, et de la primauté de l'amour fraternel parmi toutes les valeurs de notre vie. Ainsi avançons-nous vers la conquête de la liberté.

Dans la mesure où une reconstruction authentique pourra sortir de l'épreuve mortelle par où le monde passe aujourd'hui, c'est sur l'affirmation, la reconnaissance et la victoire de toutes les libertés, libertés spirituelles, libertés politiques, libertés sociales et ouvrières, qu'elle devra s'établir. Et c'est en faisant vraiment et réellement confiance au peuple, à ce peuple qui donne massivement son travail et sa peine et au besoin son sang, qu'on peut espérer voir sortir des ruines une reconstruction authentique ; c'est dans la communion avec le peuple que la civilisation a sa dernière chance.

Résumé des Droits énumérés

Nous n'avons pas traité dans cette étude des droits concernant l'ordre international, dont la considération relève d'un domaine spécial, et parmi lesquels les plus importants sont le droit de chaque Etat grand ou petit à la liberté et au respect de son autonomie, le droit au respect de la foi jurée et de la sainteté des traités, le droit à un développement pacifique (droit qui, étant valable pour tous, demande pour se déployer l'établissement d'une communauté internationale ayant pouvoir juridique et le développement de formes d'organisation fédératives). Il n'est peut-être pas inutile de donner ici une liste sommaire des droits dont nous avons parlé.

Droits de la personne humaine comme telle. — Droit à l'existence. — Droit à la liberté personnelle ou droit de diriger sa propre vie comme maître de soi-même et de ses actes, responsable de ceux-ci devant

Dieu et devant la loi de la cité. — Droit à la poursuite de la perfection de la vie humaine, rationnelle et morale. — Droit à la poursuite de la vie éternelle selon la voie que la conscience a reconnue comme la voie tracée par Dieu. — Droit de l'Eglise et des autres familles religieuses au libre exercice de leur activité spirituelle. — Droit de suivre une vocation religieuse ; liberté des ordres et groupements religieux. — Droit de se marier selon son choix et de fonder une famille, assurée elle-même des libertés qui lui sont propres ; — droit de la société familiale au respect de sa constitution, qui est fondée sur la loi naturelle, non sur la loi de l'Etat, et qui engage fondamentalement la moralité de l'être humain. — Droit à l'intégrité corporelle. — Droit de propriété. — En définitive, droit de chaque être humain à être traité comme une personne, non comme une chose.

Droits de la personne civique. — Droit de chaque citoyen à participer activement à la vie politique, et particulièrement droit de suffrage égal pour tous. — Droit du peuple à établir la Constitution de l'Etat et à

décider lui-même de sa forme de gouvernement. — Droit d'association, limité seulement par les nécessités juridiquement reconnues du bien commun, et particulièrement droit de se grouper dans un parti politique ou une école politique. — Droit de
libre recherche et de discussion (liberté
d'expression).[1] — Egalité politique, et droit
égal de chaque citoyen à sa sécurité et à
ses libertés dans l'Etat. — Droit égal de
chacun aux garanties d'un pouvoir judiciaire indépendant. — Egale admissibilité
aux emplois publics et libre accès aux diverses professions.

*Droits de la personne sociale, et plus par-
ticulièrement de la personne ouvrière.* —
Droit de choisir librement son travail. —
Droit de se grouper librement en unions
professionnelles ou syndicats. — Droit du
travailleur à être traité socialement comme
une personne majeure. — Droit des groupements économiques (syndicats et communautés de travail) et des autres groupements

---

1. Le droit d'association et le droit de libre recherche et de
discussion intéressent déjà la personne humaine prise simple-
ment comme telle, mais ils se manifestent d'une manière
spécialement importante dans l'ordre de la vie politique.

sociaux à la liberté et à l'autonomie. — Droit au juste salaire ; et, là où un régime sociétaire pourra se substituer au régime du salariat, droit à la co-propriété et à la co-gestion de l'entreprise, et au « titre de travail ». — Droit à l'assistance de la communauté dans la misère et le chômage, dans la maladie et la vieillesse. — Droit à avoir part gratuitement, selon les possibilités de la communauté, aux biens élémentaires, matériels et spirituels, de la civilisation.

Signalons ici la dépêche suivante, publiée dans le *New York Times,* 13 avril 1942: « London, April 12. — A charter setting forth basic, minimum rights for all children, « above considerations of sex, race, nationality, creed or social position, » was adopted by the New Education Fellowship Conference here today.

« Its six points include the following provisions: The right of every child to proper food, clothing and shelter must henceforth be assured by the nation as its responsibility; medical treatment must be available for all; all must have equal opportunities in full time schooling; and there must be universal religious training. »

ANNEXE

Déclaration internationale des Droits de l'homme

L'Institut de Droit International, dans sa session de New York, 12 octobre 1929, a adopté une Déclaration Internationale des Droits de l'Homme dont il est particulièrement intéressant de relire le texte aujourd'hui. Nous reproduisons ici ce texte.

L'Institut de Droit International, considérant que la conscience juridique du monde civilisé exige la reconnaissance à l'individu de droits soustraits à toute atteinte de la part de l'Etat ;

que les Déclarations des Droits, inscrites dans un grand nombre de constitutions et notamment dans les constitutions américaines et françaises de la fin du XVIIIe siècle, n'ont pas seulement statué pour le citoyen, mais pour l'homme ;

que le XIVe amendement de la Constitu-

tion des Etats-Unis dispose qu' « aucun Etat
ne privera quelque personne que ce soit de
sa vie, sa liberté et sa propriété sans due pro-
cédure de droit, et ne déniera à quelque
personne que ce soit dans sa juridiction
l'égale protection des lois ; »

que la Cour Suprême des Etats-Unis a
décidé, à l'unanimité, que des termes de cet
amendement, il résulte qu'il s'applique dans
la juridiction des Etats-Unis « à toute personne sans distinction de race, de couleur ou
de nationalité, et que l'égale protection des
lois est une garantie de la protection des lois
égales ; »

que, d'autre part, un certain nombre de
traités stipulent la reconnaissance des droits
de l'homme ;

qu'il importe d'étendre au monde entier
la reconnaissance internationale des droits
de l'homme ;

proclame :

ARTICLE PREMIER

Il est du devoir de tout Etat de reconnaître à tout individu le droit égal à la vie,

à la liberté, et à la propriété, et d'accorder à tous, sur son territoire, pleine et entière protection de ce droit, sans distinction de nationalité, de sexe, de race, de langue ou de religion.

ARTICLE 2

Il est du devoir de tout Etat de reconnaître à tout individu le droit au libre exercice, tant public que privé, de toute foi, religion ou croyance, dont la pratique ne sera pas incompatible avec l'ordre public et les bonnes mœurs.

ARTICLE 3

Il est du devoir de tout Etat de reconnaître à tout individu le droit au libre usage de la langue de son choix et de l'enseignement de celle-ci.

ARTICLE 4

Aucun motif tiré, directement ou indirectement, de la différence de sexe, de race, de langue ou de religion n'autorise les Etats à refuser à aucun de leurs nationaux les droits privés et les droits publics, notamment l'admission aux établissements d'enseignement public, et l'exercice des différentes activités économiques, professions et industries.

ARTICLE 5

L'égalité prévue ne devra pas être nominale mais effective. Elle exclut toute discrimination directe ou indirecte.

ARTICLE 6

Aucun Etat n'aura le droit de retirer, sauf pour des motifs tirés de sa législation générale, sa nationalité à ceux que, pour des raisons de sexe, de race, de langue ou de religion, il ne saurait priver des garanties prévues aux articles précédents.

TABLE DES MATIÈRES

—